Unschlagbar Witzig

Witzebuch für Kinder ab 8

Die ultimative Sammlung der lustigsten Witze, Scherzfragen und Kurzgeschichten, die dich garantiert zum lachen bringen

Autorin

Julia Bunt

ISBN Paperback: 9798393983437
ISBN Hardcover: 9798393983482

Inhaltsverzeichnis

Heute schon gelacht?

Lachen ist gesund. Lachen macht glücklich. Lachen ist ansteckend. Es gibt wirklich vieles, über das man lachen kann. Man kann über andere lachen, aber besser ist es, mit anderen zu lachen. Man kann über sich selbst lachen. Man lacht, wenn man gekitzelt wird. Man lacht über Cartoons oder über einen lustigen Film. Man kann das Lachen gar nicht unterdrücken. Wenn es raus muss, muss es raus! Und wenn man einmal anfängt, kann man oft gar nicht wieder aufhören. So ein echter Lachkrampf kann ganz schön anstrengend sein. Hast du schon mal so viel gelacht, dass du Bauchkrämpfe bekommen hast und dir vor Lachen die Tränen gekommen sind? Und am Ende wusstest du gar nicht mehr, worüber du eigentlich so sehr gelacht hast?

Genauso wie es viele Gründe gibt zu lachen, gibt es viele verschiedene Arten zu lachen. Manche Menschen lächeln nur, andere halten sich beim Lachen die Hand vor den Mund. Wieder andere reißen den Mund auf und du kannst fast alle Zähne sehen. Auch die Geräusche, die Menschen beim Lachen machen. Manche kichern leise vor sich hin, andere lachen so richtig laut und wieder andere grunzen wie ein Schwein. Darüber muss man dann schon wieder lachen.

Wusstest du, dass unsere Vorfahren gelacht haben, wenn sie aufgeregt waren oder sich bedroht fühlten? Sie zeigten ihre Zähne und wenn sie damals hätten sprechen können, hätten sie wohl gesagt: “Sei lieber vorsichtig! Ich kann auch zubeißen.” Heute ist das natürlich anders. Lachen wir uns an, dann mögen wir uns. Lachen wir miteinander, dann sind wir meistens sogar Freunde!

Also: Hast du heute schon gelacht? Wenn nicht, dann solltest du unbedingt weiterlesen. Denn was gibt es Besseres als einen guten Witz! Erst lachst du über ihn und dann kannst du ihn weitererzählen und bringst deine Freunde, deine Geschwister und deine Eltern zum Lachen.

Es gibt kurze und lange Witze. Es gibt Wortwitze und Scherzfragen. Es gibt platte Witze, Flachwitze und Witze, die man erst gar nicht versteht. Wir haben sie alle für dich gesammelt!

Lach dich scheckig. Lach dich krümelig. Lach dich krank. Lach dich schief. Lach dich krumm und bucklig.

Und das Beste: Mit uns lernst du, eigene Witze zu erfinden! Ach nein, das ist ja noch gar nicht das Beste. Das Beste ist: Mit uns lernst du, deine eigenen Witze so richtig witzig zu erzählen! Und noch besser: Wenn du möchtest, kannst du ein echter Comedian werden! So richtig mit einem Auftritt vor Publikum! LOL! Laughing out loud.

Dieses Buch ist ein Witzebuch!

Genauer gesagt ist es MEIN Witzebuch!

Mein Name ist

Schnell und lustig: Kurze Witze

Starten wir ganz geschmeidig mit ein paar wirklich kurzen und wirklich guten Witzen. Kurze Witze sind toll, weil sie so leicht zu merken sind. Kurze Witze kannst du darum super weiter erzählen. Meistens ist der Witz so schnell zu Ende, dass die anderen erst einmal einen klitzekleinen Moment still sind. Bis sie ihn verstehen. "Ach, das war ja schon der Witz." Dann ist das Gegröle aber groß! Wenn du einen kurzen Witz zum Besten gibst, dann sagt bestimmt einer von deinen Freunden oder Freundinnen: "Warte, ich habe auch noch einen ..." Und der Nächste springt auf und ruft: "Und kennst du den schon?" Und schon wird der Nachmittag zu einem Witze-Marathon. Wenn du ein paar unserer kurzen Witze auswendig lernst, dann bist du garantiert der Witze-King!

Und hier einmal ein paar kurze Witze:

Ich bin froh, dass ich mein Essen nicht selbst jagen muss. Ich wüsste gar nicht, wo Pommes leben.

Warum lässt du denn die Milch fallen? – Die war nicht mehr haltbar.

Kommt ein neuer Schüler in die Klasse. Fragt die Lehrerin: „Wie heißt du?“ – „Felix.“ – „Und dein Alter?“ – „Der heißt Peter.“

Meine Freundin ist eingebildet. – Dann such dir doch eine, die es wirklich gibt!

Zwei Ballons in der Wüste. Sagt der eine: „Vorsicht, ein Kaktusssssssssss!“

Guck mal da, da rechts. – Ja, was ist denn da? – Da hört der Spaß auf.

Warum freut sich ein Loser, wenn er ein Puzzle in 4 Monaten zusammensetzt? – Weil auf der Packung 3 bis 4 Jahre steht.

Gestern habe ich drei Stunden versucht, ein Brötchen anzurufen. Es war immer belegt!

Zwei Männer im Aufzug. Sagt der eine höflich: „Grüß Gott.“ Der andere schüttelt den Kopf: „So hoch fahre ich nicht!“

Sagt die Schnecke zum Hasen: “Wer als Erster zu Hause ist!”

Ich bin heute aus dem Töpferkurs geflogen. Habe mich wohl im Ton vergriffen.

Manni, der Hausmeister: “Ich habe die Schule abgeschlossen.”

Auf der Wiese: Schaf zum Rasenmäher: “Mäh!” Der Rasenmäher ist empört: “Du hast mir gar nichts zu befehlen!”

Treffen sich zwei Blitze, sagt der eine zum anderen: “Schlag ein.”

Zwei Rühreier treffen sich. Sagt das eine: “Ich bin heute aber wirklich richtig durcheinander!”

Geht ein Cowboy zum Friseur. Kommt wieder raus, Pony weg!

Heißt es die, der oder das gerade Kurve? – Es gibt gar keine gerade Kurve.

Treffen sich zwei Kollegen im Besprechungsraum. Der eine rümpft die Nase: “Haben Sie gepupst?” – “Selbstverständlich, glauben Sie, ich rieche immer so?”

Ein Gast ruft den Kellner, um zu bezahlen. “Was hatten Sie denn?”, fragt der Ober. Daraufhin erwidert der Gast irritiert: “Na, was hatte ich wohl? Durst und Hunger.”

Zwei Männer unterhalten sich: “Gestern bei dem Stromausfall habe ich eine Stunde im Lift gesteckt.” Sagt der Zweite: “Ist noch gar nichts, ich stand zwei Stunden auf der Rolltreppe.”

Zwei Zahnstocher treffen im Wald einen Igel. Sagt der eine Zahnstocher zum anderen: „Ich wusste gar nicht, dass hier ein Bus fährt."

Sagt der Chef zum Mitarbeiter: "Sie sind gefeuert!" "Aber warum? Ich habe doch nichts getan", ruft der Mann. "GENAU!"

Ich glaub es einfach nicht! Klingelt der Typ von nebenan doch tatsächlich um 3 Uhr nachts bei mir. Mir wäre vor Schreck fast die Bohrmaschine aus der Hand gefallen.

Der Kommissar kommt aus dem Verhörraum. Erwartungsvoll schaut ihn seine Assistentin an: "Hat er gestanden?" – "Ja, natürlich. Glaubst du etwa, ich biete dem Ganoven einen Stuhl an?"

Der Chefkoch ruft die Kellnerin: "Haben Sie Speinat auf die Speisekarte geschrieben?" – "Ja sicher! Sie haben doch selber gesagt, ich soll Spinat mit ei schreiben!"

„Leon, wie war es in der Schule?" – „Unser Lehrer hat keinen Schimmer. Stellt die ganze Zeit Fragen."

„Wie viele Kontinente gibt es und wie heißen sie?“ Der Lehrer schaut erwartungsvoll in die Klasse. Lukas hebt den Finger: “Viele und ich heiße Lukas.“

„Bei uns auf dem Lande werden Sie vom Hahn geweckt”, sagt der Bauer stolz zu seinem Übernachtungsgast. Sagt der: “Oh, dann sagen Sie bitte dem Hahn, 10 Uhr wäre prima.“

„Stottert Ihre Tochter immer so?“ – „Nein, nur wenn sie was sagen will.“

Treffen sich zwei Unterhosen in der Wäschetruhe. “WOW, warst du im Urlaub? Du bist so braun!”

Vater zum Sohn: „In Deutsch eine 6? Hab doch geübt mit du.“

Ein Schwein steht staunend vor der Steckdose: “Wer hat dich da eingemauert?”

Zwei Wellen in der Nordsee. Sagt die eine: „Ich glaub, ich muss gleich brechen.“

Eine alte Frau trifft einen Jungen am Strand. ”Na, Kleiner, hast du schon viele Wracks gesehen?” Der Junge schaut ihr ins Gesicht: “Sie sind das erste!”

Fragt die Ehefrau: „Liebst du mich auch?“ Antwortet der Mann: „Ja, dich auch.“

„Hast du Löcher in den Socken?“ – „Natürlich nicht!“ – „Und wie ziehst du sie dann an?“

Mutter: “Wie schaffst du es, an einem Tag so viel falsch zu machen?” Kind: “Weck einfach später, dann habe ich weniger Zeit!”

Ein Polizist hält einen Radfahrer an: “Wenn Ihr Licht nicht funktioniert, dann müssen Sie absteigen!” Darauf der Radfahrer: “Schon probiert. Brennt trotzdem nicht!”

Zwei Bauern unterhalten sich: “Sag mal, Willi, raucht dein Pferd?” Verblüfft antwortet Willi: “Natürlich nicht, Bernd!” Sagt Bauer Bernd: “Oh, dann brennt wohl dein Stall!”

Paul fragt den Lehrer: „Kann man für etwas bestraft werden, was man nicht gemacht hat?“ – „Nein, natürlich nicht“ – “Gut, ich habe nämlich meine Hausaufgaben nicht gemacht!“

Das Spiel mit den Wörtern: Wortwitze

Auch die Wortwitze sind meistens ziemlich kurz. Einen Wortwitz versteht nicht jeder! Dafür muss man schon ein bisschen "um die Ecke" denken können und vor allen Dingen muss man sich mit Worten gut auskennen. Bei dem einen oder anderen rattert es erst eine Weile im Gehirn, bevor der Witz angekommen ist. Wenn du einen Wortwitz weitererzählen möchtest, dann lerne ihn gut auswendig. Wenn du einen Fehler machst, dann ist der Witz nicht mehr witzig. Oft werden bei Wortwitzen Begriffe zusammengebracht, die gar nicht zusammen gehören oder die aus einer Wortgruppe kommen, aber in einen neuen Zusammenhang gebracht werden. Viele Wortspiele sind in eine Frage und eine Antwort gepackt. Manchmal sind die Fragen völlig unsinnig. Aber mit der Antwort zusammen … "Bämm": Echt witzig! Verstanden? Nö? Dann lies doch einfach weiter!

Hier einige Wortwitze:

Hab mir ein neues Dach gekauft. Ging aufs Haus.

Was ist ein trainierter Waschbär? Eine Waschmaschine.

Eine Glatze ist eine ausgefallene Frisur!

Sagt der Walfisch zum Thunfisch: "Was soll ich tun, Fisch?" Sagt der Thunfisch zum Walfisch: "Du hast die Wahl, Fisch!"

Darf man Westen auch im Osten tragen?

Was macht ein Mathematiker beim Skifahren? Er rechnet mit Brüchen.

Sagt der Notfallsanitäter zu seiner Frau: "Alles nur Opfer bei mir auf der Arbeit."

Was sagt ein Pirat, wenn er trockenes Gras sieht? A, Heu.

Wie nennt man den Sonnenuntergang in Finnland? Hellsinki!

Der Bademeister geht in Rente. Er hatte eine chlorreiche Karriere.

"Ich bin eine Frau mit Klasse!", sagt die Lehrerin.

Wer nie vom Weg abkommt, der bleibt auf der Strecke.

Wie heißt der Flur in einem Iglu? Eisdiele.

Wie viel wiegt ein Hipster? 1 Instagramm.

Was mich am Regen stört, ist seine Einstellung. Immer von oben herab.

Manfred, der Bienenzüchter, schwärmt: "Es ist ein schönes Gefühl, direkt neben seinem Schwarm aufzuwachen."

Wie nennt man einen Keks unter einem Baum? Das ist ja ein schattiges Plätzchen.

Was versteht man unter einer viel befahrenen Autobahnbrücke? Na, gar nichts. Da ist es viel zu laut!

Wo wohnen Katzen? Logischerweise Im Miezhaus.

Wo spricht man Schwitzerdeutsch? In der Sauna!

Was gibt sieben mal sieben? Ganz feinen Sand!

Mein kleiner Bruder wird Sonntag getauft. Was für ein blöder Name!

Wie heißt der Herrscher von Sylt? Na klar: Syltan.

“Ich genieße das Leben in vollen Zügen”, sagt der Schaffner jeden Tag.

Wie nennt man jemanden, der ein DIN-A4-Blatt scannt? Skan-dina-vier.

Was ist das Lieblingsessen von Models? Laufsteaks.

Du musst das Blatt noch lochen! Nur so am Rande.

“Wachs-Mal-Stift!”, ruft der große Stift dem kleinen Stift zu.

Was tragen Gummibären im Regen? Gummistiefel.

Treffen sich zwei Ziegen. Fragt die eine: „Hast du Lust, mit tanzen zu kommen?“ Sagt die andere: „Ne, ich habe einfach keinen Bock.“

Im großen Test der Stiftung Warentest hat ein Messer in der Kategorie Besteck am besten abgeschnitten.

Zwei Fische schwimmen im Meer aufeinander zu. Sagt der eine: „H(a)i!“ Erschrocken ruft der andere: „Wo? Wo? Wo?“

Was macht “ÄÄÄÄÄHHHHHMMMM!”? Ein unentschlossenes Schaf!

Ich bin wirklich schnell, ich hänge sogar die Wäsche ab.

Was machen zwei wütende Schafe? Sie kriegen sich in die Wolle.

Treffen sich zwei Holzwurmväter. Sagt der eine stolz zum anderen: „Mein Sohn arbeitet jetzt in der Bank.“

Kürzester Witz aller Zeiten: Brennholzverleih.

Wie nennt man einen Lokomotivführer auf Chinesisch? Wa Gon.

Sagte die Ehefrau: „Du hast echt einen Vogel." – "Ach Spätzchen, das musst du mir doch nicht sagen."

Wie heißt ein Spanier ohne Auto? Carlos!!!

Was sagte der Mann, der von einer Dampfwalze überfahren wurde? "Boah, jetzt bin ich aber platt!"

Was sitzt im Baum und schluchzt? Eine Heule!

Was ist Wind? Luft, die es eilig hat.

Was kann man nicht zu Mittag essen? Das Abendessen und das Frühstück.

Wenn der Koch verreist, dann ...? Verkocht der Reis.

Was essen Autos am liebsten? Parkplätzchen!

Warum hört die Pampelmuse auf zu rollen? Weil ihr der Saft ausgegangen ist.

Wenn Hunde Fieber haben, haben sie 39? Bel-l-grad!

Ein Reh mit Haarausfall geht in die ...? In die Reh-Haar-Klinik!

Ein Cowboy ohne Pferd ist ein? Sattelschlepper!

Ein Bumerang, der nicht zurückfliegt, heißt? Stock!

Wohin geht Pinocchio, wenn er krank ist? Zum Holz-Nasen-Ohren-Arzt!

Wer schummelt im Urwald? Mogli!

Wer freut sich über Geschenke und stinkt? Das Gefurztagskind!

Welche Straße ist nicht befahrbar? Die Milchstraße.

Was für ein Laden hat nichts zu verkaufen? Der Fensterladen.

Wie geht das Esel-Alphabet? IA.

Welcher Bär ruft Kugelschreibert? Kugel-schrei-bär!

So, das war es mit unseren Wortwitzen. Waren doch ein paar gute dabei, oder?

Wie schummelt ein Schulgespenst? Mit einem Spukzettel.

„Kennst du einen lauten Peter?“ – „Klar. Den Trompeter.“

Wortsprüche, Wortverdreher, Wortwechsel

Es gibt aber auch Sprüche, die von einem Wortwitz leben. Ein paar kennst du sicher schon. Einige sind echt ziemlich blöd, aber trotzdem irgendwie witzig! Ab und zu kannst du also gerne einmal einen dieser Sprüche raushauen. Aber pass auf! Wenn du sie zu oft anwendest, kann das ganz schön nervig für die anderen werden ☺

- **Alaska** oder **Alles Chlor** statt: Alles klar A.
- **An und Pfirsich** hört sich doch fast an wie: An und für sich.
- Auf die Frage: "Wie schmeckt es?", solltest du nur unter Freunden "**ausgebrochen gut!**" sagen.
- Wenn du ein **beleidigtes Brötchen** bestellst, dann bekommst du hoffentlich ein belegtes Brötchen.
- "C´est la vie" – so ist das Leben, seufzen einige. Der Witzbold sagt statt Cést la vie, aber **Tel Aviv**. Klingt doch wirklich ähnlich!
- Das halte ich für ein **Gerüst. Ja, könnte man statt "das halte ich für ein Gerücht" auch sagen.**
- Das kann ja wohl nicht **Warzenschwein**. Nö, das kann wirklich nicht wahr sein. ☺
- Das wars aber **Jens** – äh, jetzt.
- Ob das eine wirklich gute Entschuldigung ist? **Entschuldigung, war Absicht.**
- Geh mal bitte jemand ans **Teflon**. Erraten? Richtig: Telefon!
- Geld spielt keine **Rolex** (Rolle) und eine Rolex spielt für dich bestimmt keine Rolle.

- Auch eine Art der Begrüßung: Hallo, was kann ich **gegen** Sie tun?
- Halt die **Kresse**. Ist doch netter als “Halt die Fresse.”
- Herzlichen **Glühstrumpf** statt: “Herzlichen Glückwunsch.“
- Ich bin voll im **Stretch**, statt: Ich bin voll im Stress.
- Ich **Klaus es** kaum. Ich glaub es auch kaum.
- Lars but not Lisa statt: Last but not least.
- Mit freundlichen Grüßen heißt hier: Mit **feuchten** Grüßen.
- Na, das kann ja Eiter werden. Igitt: Ist Eiter wirklich heiter?
- **Okäse** ist das neue Okay.
- **Stinkt's** oder hab ich recht. Du hast recht. Es stimmt!
- **Scheißebereibung**. Eine schöne Wortverdrehung für Reisebeschreibung.
- **Schankedön**! **Schittebön**! Na, wie heißt es im Original?
- **Schönen Schrank** auch statt: Schönen Dank auch.
- **Schlepptop** ist doch viel besser und richtiger als Laptop.
- **Stück mal nen** Rück statt: „Rück mal ein Stück.“
- Wo gibts denn **Sofas**? Sowas gibt es nur hier.
- Wunderbärchen. Alles Klärchen! Na? Kommst du drauf?
- **Zement mal** statt: Moment mal
- Zum Bleistift. Den kennst du sicher schon!

Vielleicht fallen Dir ja noch mehr Wortdreher, Wortverunstalter und Wortwechsel ein, die du demnächst mal ausprobieren kannst!

Zungenbrecher

Kennst du Zungenbrecher? Zungenbrecher sind kleine Sätze, die so richtig schwierig schnell zu sprechen sind. Zungenbrecher an sich sind oft gar nicht so lustig. Lustig wirds erst, wenn du versuchst, die Sätze zu sprechen. Die meisten verhaspeln sich total, und das ist echt amüsant. Probier es einmal mit deinen Freunden und Freundinnen aus. Am besten, du übst vorher! Die größte Herausforderung ist es, die Zungenbrecher mehrmals hintereinander zu sprechen. Ihr werdet euch vor Lachen auf dem Boden wälzen. Du hast geübt? Zeig deinen Freunden und Freundinnen, wie's geht!

Als Anna abends aß, aß Anna abends Ananas.

Wenn dein Dackel zu meinem Dackel noch mal Dackel sagt, kriegt dein Dackel von meinem Dackel so eine gedackelt, dass dein Dackel nicht mehr "Dackel" sagen kann.

Esel essen Nesseln gern, Nesseln essen Esel gern.

Klaus Knopf liebt Knödel, Klöße, Klopse. Knödel, Klöße, Klopse liebt Klaus Knopf.

Hans hört hinterm Holzhaus Hubert Hansen heiser husten.

Der Metzger wetzt das Metzgermesser auf des Metzgers Wetzstein. Auf des Metzgers Wetzstein wetzt der Metzger das Metzgermesser.

Gibst du dem Opi Opium, bringt Opium den Opi um.

Der Flugplatzspatz nahm auf dem Flugplatz Platz. Auf dem Flugplatz nahm der Flugplatzspatz Platz.

Der Sumpfschlumpf schlumpft sich durch den Sumpfschlumpf.

Hinter Heinrich Huberts Haus hängen hundert Hosen aus. Hundert Hosen hängen aus hinter Heinrich Huberts Haus.

Wenn um Rumkugeln Rumkugeln herumkugeln, kugeln um Rumkugeln Rumkugeln herum.

Der Wachsmaskenmacher macht Wachsmasken aus Wachsmaskenwachs.

Es lagen zwei zischende Schlangen zwischen zwei spitzen Steinen und zischten dazwischen.

Ein Arzt spritzt mit spitzer Spritze. Mit spitzer Spritze spritzt ein Arzt.

Dumme Fragen – Lustige Antworten: Scherzfragen

Nicht alle “Frage- und Antwort-Witze” sind Wortwitze. Es gibt auch Scherzfragen, die einfach so lustig sind. Stell die Frage. Dann schaust du einen Augenblick abwartend in die Runde. So, als wenn du auf eine Antwort wartest. Aber niemand wird die Frage beantworten können. Denn manche Frage ist richtig dumm und die Antwort, die die anderen geben, wird niemals die richtige Antwort sein. Weil die Frage gar nicht logisch zu beantworten ist. Andere Fragen sind eigentlich sehr logisch zu beantworten. Aber kein Mensch kommt auf die Antwort. Nach einer kleinen Pause löst du die Frage auf und gibst die Antwort. Deine Freunde und Freundinnen werden dich verblüfft anschauen. Manch einer schlägt sich die Hand vor die Stirn und ruft: “Boh ey! Voll blöd.” Alle grinsen sich an!

Hier nun unsere Auswahl zu Dumme Fragen – Lustige Antworten:

Jemand, der sein Geld zum Fenster hinaus wirft, ist ein? Ein Scheinwerfer.

Warum konnte Ingo über das Wasser laufen? Weil er auf den Winter gewartet hat.

Wie begrüßt der Hammer den Daumen? Hey, schön dich wiederzutreffen.

Es gibt einen Apfel, der nicht schmeckt. Es ist der? Ein Pferdeapfel.

Welche Schlange kann nicht sehen? Die Blindschleiche.

Wem darf man ungestraft auf den Kopf hauen? Dem Nagel.

Was trocknet und wird trotzdem nass? Das Handtuch.

Welcher Kopf ist grün und hat kein Gesicht? Der Kopfsalat.

Wer weiß immer, was fehlt? Der Dieb.

Was bleibt für den, der zu spät zum Abendessen kommt? Kalte Schulter.

Welche Leiter ist für die Feuerwehr nichts wert? Die Tonleiter.

Welches Tier frisst nichts? Die Motte. Denn die frisst Löcher.

Was kann nicht klettern, nicht schwimmen, ist groß und gelb? Ein Postauto.

Diese Brille findet man nicht auf der Nase. Die Toilettenbrille.

Warum hüpft ein Frosch in den Teich, wenn es regnet? Er denkt, dann wird er nicht nass.

Er ist nicht arm und dennoch lebt er von der Hand im Mund. Es ist der ...? Der Zahnarzt.

Gibt es wirklich Vögel, die keine Eier legen? Die Männchen.

Was ist eine ängstliche Frucht? Eine Feige.

Warum wurde Aschenputtel aus der Fußballmannschaft geworfen. Sie lief immer vom Ball weg.

Ein Baum ohne Wurzeln ist ein? Purzelbaum.

Wächst der beste Wein in Italien? Nein! Bester Wein kann nicht wachsen. Nur die Trauben.

Was ist grau und unsichtbar? Keine Mäuse.

Was steht auf vier Beinen und kippt dennoch zur Seite? Die halbe Spinne.

Wie ist deine Sonnenbank? So-lala-rium!

Woran erkennt man, dass ein Akkordeon ein sehr altes Instrument ist? Es hat so viele Falten.

Warum haben Elefanten so faltige Haut? Sie zu bügeln macht zu viel Arbeit.

Was ist der Lieblingsort des Skeletts? Das Tote Meer.

Ein Huhn, das keine Eier legt? Das Suppenhuhn.

Was ist kopflos, hat aber Füße? Der Sessel.

Warum ist das Pferd das lustigste Tier? Weil es, wo es geht und steht, alles veräppelt.

Was kann selbst ein Dichter nie in Worten ausdrücken? Den Schwamm.

Wie vermehren sich Igel? Sehr vorsichtig.

Was ist der Unterschied zwischen einem Auto und WC-Papier? Das Auto kann man gebraucht kaufen.

Wer ist stets der Erste im Haus? Der Schlüssel.

Welcher Vogel ist wohl der lustigste? Natürlich der Spaßvogel.

Was wärmt mehr als ein Pelz? Zwei Pelze.

In welche Gläser gießt man guten Wein ein? Natürlich in leere Gläser.

Die beste Zeit für faule Menschen? Die Mahlzeit.

Pferd und Pflaume. Worin gleichen sie sich? Beim PF.

Warum warnen Ärzte und Apotheker vor dem Rätselraten? Weil sich viele Leute den Kopf daran zerbrechen.

Käse? Nein danke! Das sagt welche Maus? Die Computermaus.

Welchen Sack kann man nicht füllen? Den Dudelsack.

Wer kann alle Sprachen sprechen? Das Echo.

Auf welche Worte hört der Hai? Mann über Bord!

Gibt es lustige Butter? Ja, wenn sie ausgelassen wird.

Welches Gewicht dürfen wir nicht verlieren und ist von keiner Waage messbar? Das Gleichgewicht.

Was will man haben, nur um es gleich wieder abzugeben? Geld.

Mit welchem Bogen kann man keinen Pfeil abschießen? Mit dem Regenbogen.

Selbst Sekretärinnen vertippen sich. Wobei? Beim Lotto spielen.

Wenn der Kopf eines Pferdes nach Westen zeigt, wohin zeigt dann sein Schwanz? Na unten.

Hat das Reh einen Vornamen? Ja! Der Vorname des Rehs ist: Kartoffelpü.

Kennst du den Löffel, der beim Essen nicht hilft? Der Schuhlöffel.

Welches Tier mit Geweih lebt im Wald und muht? Der Hirsch. Er lernt gerade eine Fremdsprache.

Wo gibt es denn so was? Zähne ohne Mund? Das gibt es bei der Säge.

Welches Gemüse ist nichts für Vegetarier? Fleischtomaten.

Anna fällt ins Wasser. Als was kommt sie hinaus? Als Annanass.

Wie viele Kilometer kann ein Auto fahren? Kommt auf die Größe des Tanks an. Normalerweise, bis der Sprit alle ist.

Was sagt der Tausendfüßler, wenn er zu Weihnachten neue Schuhe geschenkt bekommt? Tausend Dank.

Was ist schlimmer als eine Giraffe mit Halsschmerzen? Ein Tausendfüßler mit Fußschmerzen.

Herr Pflaume ist 1,80 Meter groß. Er ist 36 Jahre alt und hat eine 20 Zentimeter lange Nase. Was wiegt Herr Pflaume? Obst.

Wer ist immer der Erste am Ort des Verbrechens? Der Täter.

Ein Brokkoli-Auflauf liegt neben einem Kartoffelgratin und einer großen Portion Pommes auf dem Teller. Was denkt der Auflauf? Nichts, der Auflauf kann nicht denken.

Was knabbert permanent Eisen und wird trotzdem nicht stark? Der Rost.

Alle lieben das Laub. Wir genießen es selten. Es wächst nicht am Baum. Wenn wir es haben, wird es jeden Tag weniger. Welches Laub ist gemeint? Der Urlaub.

Was kann über das Wasser gehen und bleibt dennoch trocken? Eine Brücke.

Kennst du die Affen mit dem längsten Hals? Die Giraffen.

Warum hat der Eisbär ein weißes Fell? Wäre das Fell blau, hieße er Blaubeere.

Warum ist die Schnecke stärker als ein Elefant? Weil sie ein Haus tragen kann.

Eine Maulwurffamilie im Restaurant. Was wird sie bestellen? Ein 5-Gänge-Menü.

Ein Dinosaurier verliebt sich in eine Zitrone. Sie gründen eine Familie. Wie nennt man das Kind? Ein Dinosauer.

Jonas bringt uns ein Sieb voller Wasser. Wie hat er das gemacht? Er hat uns Eis gebracht.

Was liegt ständig im Bett und wird trotzdem nicht müde? Unser Bettzeug.

Igitt! Ein Tier im Kaffee! Welches mag es sein? Affe.

Komisch. Beim Kamel ist es klein – bei der Maus ist es groß. Was kann das sein? Das M.

Welche Schule hat keinen Stundenplan? Die Baumschule.

Der Mathelehrer im Schrebergarten. Was tut er am liebsten? Wurzeln ziehen.

Grundschule? Realschule? Gymnasium? Waldorfschule? Oder doch lieber: Die geschlossene Schule?

Was ist dick, gelb und kann nicht Rollschuh laufen? Senf.

Es geht durch die Scheibe, ohne sie zu zerbrechen. Was kann das sein? Das Licht.

Was oder wer trägt eine Brille und ist trotzdem blind? Die Nase.

Ein Teller voller Buchstaben heißt Buchstabensuppe. Ein Topf voller Buchstaben heißt? Wörtersee.

Er ist ein Hund, wird aber nie einen Knochen bekommen. Welcher Hund kann das sein? Der Seehund.

Was kann das sein, mitten im Sommer? Klein, fliegt und macht “mus, mus, mus.” Eine Biene im Rückwärtsgang.

Wie praktisch! Wenn eine Wolke einen Juckreiz hat, dann steuert sie einfach was an? Einen Wolkenkratzer.

Wer hat ein Leben lang Geburtstag? Die Eintagsfliege.

Welcher Vogel ruft sich selbst? Der Kuckuck.

Ein lachender Pilz mit Sommersprossen ist? Der Glückspilz.

Sie geht und geht und läuft und läuft. Wer denn – so ganz ohne Füße? Die Uhr.

Wer springt ohne Füße? Der Springbrunnen.

Es gibt einen Berg, der wird höher und höher. Welcher mag das sein? Der Müllberg.

Das reichste Tier? Das Sparschwein.

Singende Füße – sechs Stück an der Zahl? Das Trio.

Panik mit Ohren? Der Angsthase.

Gibt es einen Wurm, der musikalisch ist? Ja, den Ohrwurm.

Kann ein Bagger schwimmen? Wie denn, mit nur einem Arm.

Was spielen Piraten am liebsten? Schiffe versenken.

Wie heißt ein fliegender Papa mit Nachnamen? Gei, Papa Gei.

Was ist dreieckig, klein und rot? Ein kleines rotes Dreieck.

Was ist voller Federn, aber fluguntauglich? Das Kopfkissen.

Dieser Löwe ist ein perfekter Schwimmer. Welcher ist gemeint? Der Seelöwe.

Noch flüssiger als Wasser? Total überflüssig: Hausaufgaben.

Was macht der Storch, wenn er auf einem Bein steht? Über den nächsten Schritt nachdenken.

Eine Uhr, die keine Zeiger hat? Eine Sanduhr.

Was sollte man auf einem U-Boot niemals feiern? Den Tag der offenen Tür.

Wer ist Fraukules? Die Frau von Herkules.

Ein Untergang ist immer eine Katastrophe, außer der …? Der Sonnenuntergang.

Salz ist dümmer als Zucker. Weißt du warum? Weil Zucker raffiniert ist.

Gibt es einen Tisch, den man essen kann? Ja, den Nachtisch.

Was ist schwerer? Ein Kilo Federn oder ein Kilo Blei? Ein Kilo ist ein Kilo.

Wer kann ganz leicht aus der Fassung gebracht werden? Die Glühbirne.

Was befindet sich zwischen Haus und Garten? Ein “und”.

Nur hier ist Silvester vor Weihnachten. Nämlich wo? Im Duden.

Wer steht in der Sonne und schrumpft? Der Schneemann.

Was ist nötig, um aus einem Zug aussteigen zu können? Man muss erst einsteigen.

Er gehört dir, aber andere benutzen ihn ständig. Was ist das? Dein Name.

Warum kann niemand hieraus Bier zapfen? Weil es Weinfässer sind.

Welcher Garten hat keine Beete? Der Kindergarten.

Was ist ein Nagel, hält aber kein Bild? Der Fingernagel.

Welcher Hahn macht niemals Kikeriki? Der Wasserhahn.

Was kann nicht laufen, obwohl vier Beine da sind? Der Tisch und der Stuhl.

Warum wird dieser Hut niemals auf dem Kopf getragen? Es ist ein Fingerhut.

Welches Pferd mag weder Heu noch Klee noch Hafer? Das Seepferd.

Was besteht aus vielen Löchern und hält trotzdem? Eine Kette.

Welche Schlange beißt nicht, kann einen nicht würgen? Die Luftschlange.

Mit welchem Ball kann man nicht spielen? Mit dem Erdball.

Gibt es ein Tier, das höher springt als der Eiffelturm? Ja! Weil der Eiffelturm nicht springen kann.

Was brennt ohne, dass man es entzündet? Die Brennnessel.

Gibt es eine Maus, die fliegt? Ja, es gibt die Fledermaus.

Was macht “kcat kcit”? Eine Uhr, die rückwärts läuft.

Was hat 21 Augen und ist doch blind? Der Würfel.

Was sitzt im Wald auf einem Baum und ruft “AHA!” Ein Uhu mit Sprachfehler.

Was sagt der Hase, wenn er einen Schneemann überfällt? “Möhre oder ich föhn dich!”

Ein Wald ohne Laub? Was ist es bloß? Ein Nadelwald.

Welche Bilder sind bei Tag unsichtbar? Die Sternbilder.

Was ist ein Richter ohne Gericht? Ein Schiedsrichter.

Was fängt nicht an, endet aber zweimal? Die Wurst.

Welcher Monat hat 28 Tage? Alle Monate.

Welche Tiere können nichts hören? Die Tauben.

Wie nennt man Fußballschuhe, die man in der Adventszeit trägt? Christstollen.

Mit welcher Bildung kann man gar nichts anfangen? Mit der Einbildung.

Es ist eine kleine Katze und doch ist es kein Tier. Sag schnell: Wovon sprechen wir hier? Vom Weidenkätzchen.

Kennst du das Gegenteil von einem Reformhaus? Reh hinterm Haus.

Wenn man es tut, dann ist es getan. Tut man es aber nicht, dann passiert es doch. Abtrocknen.

Warum lügen Geister nicht so gerne? Weil sie so leicht zu durchschauen sind.

Warum summen Bienen? Weil sie den Text nicht kennen.

Warum sind Glatzköpfe so friedliche Menschen? Weil sie sich nie in die Haare kriegen.

Was kann man mit einem beinlosen Hund machen? Um die Häuser ziehen!

Wie tief in den Wald kann ein Jäger jagen? Bis zur Mitte, dann jagt er wieder hinaus.

Was hüpft glücklich durch die Wiesen und Gräser? Die Freuschrecke!

Was dringt durchs ganze Haus, ohne eine Wand zu berühren? Papas Stimme!

Was steckt tief im Boden und stinkt? Eine Furzel.

Welche Handwerker haben wohl den größten Hunger? Maurer. Die verputzen Häuser.

Ist es wahr, dass große Menschen fauler sind? Ja, klar. Die sind immer länger im Bett.

Was kommt heraus, wenn man Falschgeld in den Schredder wirft? Jede Menge Blütenstaub!

Warum ritten die Hexen auf Besen? Staubsauger gabs noch nicht.

Ein Rudel Wölfe ist auch bekannt unter dem Namen? Wolfgang.

Warum trägt Monika bei strömenden Regen ihren Schirm? Damit er ihr nicht runterfällt.

Was liebt der Seeräuber an einem Computer? Die Enter-Taste!

Was mögen Piraten besonders gerne? Kapern!

Was zeigt die Waage, wenn man ein Pferd und einen Hund zusammen wiegt? Ein Pf-und.

Was kommt einmal im Monat, zweimal im Moment, aber einmal in 1000 Jahren vor? Das M.

Robin Hood stiehlt Deo. Und dann? Dann gibt er es den Armen.

Welcher Fisch hat vorne einen Elektroanschluss? Der Kabeljau.

Was ist sauber, heult und jault? Die Hygiene.

Einen Zauberer, der zu lange für seinen Zauberspruch braucht, nennt man auch? Harry Stotter.

Warum trifft man Ameisen nie in der Kirche? Weil sie Insekten sind.

Kannst du in vier Sekunden 10 australische Tiere nennen? Klar! Zehn Kängurus.

Warum haben Polizisten immer eine Schere dabei? Damit sie den Verbrechern den Weg abschneiden können.

Was hat einen Rücken, ist aber kein Mensch und kein Tier. Was hat auch Blätter, ist aber keine Pflanze. Das Buch.

Schnell gelernt: Kurze Witze, Wortwitze und Scherzfragen selbst erfinden

Ganz ehrlich? Sich selbst einen Witz auszudenken ist nicht ganz einfach. Und das ist noch untertrieben! Einen eigenen Wortwitz zu erfinden ist megaschwer. Aber! Mit ein wenig Übung und viel Fantasie kannst du es schaffen. Es muss ja nicht gleich der beste Witz der Welt werden. Bevor du deinen ersten Witz selber gestaltest, versuch doch erst einmal die folgenden Scherzfragen den richtigen Antworten zuzuordnen. So bekommst du schon einmal ein besseres Gefühl für den Witz. Zu schwierig? Keine Sorge! Am Ende dieses Kapitels findest du die richtigen Antworten.

Wenn ein Plätzchen nicht zur Schule will, dann?

- versteckt es sich in der Packung
- verkrümelt es sich
- zerbröselt

Was ist ein unauflösbarer Fall für die Polizei?

- ein Mordfall
- ein Wasserfall
- ein Fall, der zu den Akten gelegt wird

Was ist braun, klebt und läuft durch die Wüste ?

- ein Kamel
- ein Dromedar

- ein Karamel

Welcher Ring ist nicht rund?

- der Verlobungsring
- der Boxring
- der Hering

(Hier sind sogar zwei Antworten korrekt. Aber richtig witzig ist nur eine!)

Welche Mausefalle hat 5 Buchstaben?

- Speck
- Kaese
- Katze

Schaffst du es, deinen ersten Witz zu schreiben? Versuche, eine witzige Antwort zu den folgenden Fragen zu finden. (Ein kleiner Tipp: Die Anzahl der Striche gibt die fehlenden Buchstaben vor. Vielleicht findest du aber auch eine ganz eigene Antwort. Dann bist du schon jetzt ein super Witze-Erfinder. Findest du keine Antwort? Nicht schlimm. Denn am Ende dieses Kapitels findest du die Lösungen. Aber gib nicht zu schnell auf.

- Fragt eine Kuh die andere Kuh: „Was willst du mal werden?" Sagt die Kuh:

  „Ein _ _ _ _ _."
- Welches Spiel ist nicht zum Spielen? Das _ _ _spiel.
- Welcher Zahn wird niemals beißen? Der _ _ _ _ _ zahn.
- Was sind Vögel, die auf einer Fernsehantenne sitzen?

  _ _-_ _ _ _ _.

- Mit welchem Netz werden keine Fische gefangen?

  _ _ _ _ _ _ _ _ netz.

Witze, die sich reimen, sind auch sehr beliebt und eine andere Möglichkeit für dich, deinen ersten Witz zu erfinden. Vielleicht kennst du ja die Witze, bei denen man sich einen Reim auf den Vornamen ausdenkt und dann daraus einen Witz gestaltet? Diese Reime dürfen manchmal auch ab und an etwas gemein sein. Der Name ist ja erfunden, oder? Hauptsache der Reim ist lustig.

Hier sind einige Beispiele:

- Alle gehen über den Friedhof. Nur Gunther liegt drunter.
- Alle Kinder stehen bis zum Hals im Wasser, nur Reiner ist kleiner.
- Wir spielen vor dem Haus. Der doofe Klaus guckt raus!

Und jetzt: Ein paar Namen und Sätze, die du mit dem passenden Reim zu einem lustigen Namenswitz machen kannst. Versuch es einmal. Du kannst die Lücken nicht füllen? Dir fällt kein Reim ein?? Dann schau am Ende dieses Kapitels.

Alle quetschen sich durch das Loch im Zaun. Nur Nick ist zu ______________.

Alle schaffen es über das Eis. Nur Hein ____________.

Alle laufen vor den Schlägern davon. Nur Paul kriegt aufs _________.

Wenn du diese Lösungen ohne an das Ende des Kapitels zu spicken gefunden hast, dann denk dir doch mal selbst so einen "Namens-Reim-Witz" aus. In einer fröhlichen Runde mit deinen Freunden und Freundinnen wird dieses kleine Spiel zu einem lustigen Nachmittag. Vielleicht passt ja sogar ein Reim auf eure eigenen Namen? Findet erst den Reim (Jan kann, Jens kennts, Mats hat´s usw.) Wenn ihr den Reim gefunden habt, braucht ihr "nur" noch die passende Szene – den passenden Satz dazu.

Wir sind sicher: Gemeinsam schafft ihr das!

Und hier die Lösungen der ersten "Reimübungen":

Wenn ein Plätzchen nicht zur Schule will, dann?

- versteckt es sich in der Packung
- **verkrümelt es sich**
- zerbröselt

Was ist ein unauflösbarer Fall für die Polizei?

- *ein Mordfall*
- **ein Wasserfall**
- *ein Fall, der zu den Akten gelegt wird*

Was ist braun, klebt und läuft durch die Wüste?

- *ein Kamel*
- *ein Dromedar*
- **ein Karamel**

Welcher Ring ist nicht rund?

- *der Verlobungsring*
- *der Boxring (Boxring ist auch richtig, aber nicht so witzig)*
- **der Hering**

Welche Mausefalle hat 5 Buchstaben?

- *Speck*

- *Kaese*
- **Katze**
- *Fragt eine Kuh die andere Kuh: „Was willst du mal werden?" Sagt die Kuh:*

  „Ein **STEAK***."*
- *Welches Spiel ist nicht zum Spielen? Das* **WINDSPIEL***.*
- *Welcher Zahn wird niemals beißen? Der* **LÖWENZAHN***.*
- *Was sind Vögel, die auf einer Fernsehantenne sitzen?* **TV-STARS***.*
- *Mit welchem Netz werden keine Fische gefangen?* **SPINNENNETZ***.*

Alle quetschen sich durch das Loch im Zaun. Nur Nick ist zu **DICK***.*
Alle schaffen es über das Eis. Nur Hein **BRICHT EIN***.*
Alle laufen vor den Schlägern davon. Nur Paul kriegt aufs **MAUL***.*

Das Leben ist echt lustig! Themenwitze

Es gibt wirklich (fast) nichts, über das man keine Witze machen kann. Es gibt so viele Witze, dass wir uns ein paar Themen ausgesucht haben, die dich und deine Freunde und Freundinnen hoffentlich interessieren. Es sind Themen, die euch alle angehen. Denn am besten lacht man über Dinge, die man kennt und die dann doch irgendwie ganz anders laufen als gewohnt.

Unser erstes Thema ist die Schule. Witze über Lehrer und Lehrerinnen, über Schüler und Schülerinnen, Zeugnisse und Hausaufgaben, über doofe Antworten im Unterricht und über dumme Fragen von den Lehrern und Lehrerinnen.

Schulwitze

Konrad Schmidt jammert: "Ich will nicht in die Schule!" – "Aber du musst in die Schule!" – "Die Schüler mögen mich nicht, die Lehrer hassen mich, der Hausmeister kann mich nicht leiden, sogar der Busfahrer findet mich doof." – „Jetzt reiß dich bitte zusammen, Konrad: Du bist jetzt 45 Jahre alt und du bist der Direktor der Schule. DU MUSST IN DIE SCHULE!"

Vater Hellig will von seinem Sohn Nils wissen: "Na, Nils. Was habt ihr heute in der Schule gemacht?" Nils antwortet: "Im Chemieunterricht haben wir Sprengstoff hergestellt!" Vater Hellig: "Und was macht ihr morgen in der Schule?" Nils zuckt mit den Schultern: "In welcher Schule?"

Lene kommt mal wieder zu spät in die Klasse. Frau Pingelig weist sie mürrisch zurecht: "Das ist heute schon das fünfte Mal, dass du zu spät kommst." Lene zuckt die Schulter: "Ich schwör, Frau Pingelig. Kommt diese Woche nicht mehr vor."

Im Deutschunterricht geht es um zusammengesetzte Wörter. Tobias zeigt auf und Lehrer Hempel nimmt ihn dran. Tobias: "Ich weiß ein Wort, das mit A anfängt und mit och endet." Lehrer Hempel schüttelt tadelnd den Kopf: "Tobias, solche Worte benutzen wir in meinem Unterricht nicht." Tobias ist erstaunt und fragt: "Aber Herr Hempel, was haben Sie denn gegen Aschermittwoch?"

Erklärt der Lehrer: "Wörter, die mit 'un' anfangen, bedeuten immer etwas Schlechtes, wie z. B. Unfrieden oder unangenehm. Kennt ihr noch ein Beispiel?" Fritzchen meldet sich und sagt: "Ich kenn noch eins: UNTERRICHT!"

Familie Becker ist eine echte Fußballer-Familie. Diego Becker kommt stolz mit seinem Zeugnis nach Hause und sagt zum Vater: "Schau mal, Trainer! Mein Vertrag wurde erfolgreich verlängert!"

Letzter Schultag. Egon ist schon zu Hause, als der Vater von der Arbeit kommt. Auf dem Küchentisch findet er das Zeugnis und ruft: "EEEEEgon!" Egon kommt in die Küche. Sagt der Vater ärgerlich: "Sag mal. Schämst du dich nicht, mit solch einem Zeugnis nach Hause zu kommen? Das ist ja unterirdisch." Egon antwortet: „Nö, das ist vom Dachboden. Das ist dein Zeugnis."

Heulend kommt Ines nach Hause. "Mama! Die in der Schule ärgern mich. Alle sagen, ich hätte Riesenfüße!" Mama nimmt Ines in den Arm: "Das ist doch Blödsinn, Kind. Hör auf zu heulen, stell deine Schuhe in die Garage und komm zum Essen."

Mia sitzt auf ihrem Stuhl in der Schule. Da fällt ihr der Radiergummi auf den Boden und rollt unter den Tisch. Mia sucht und sucht und sucht und sucht. Der Lehrer bemerkt Mias Suche gar nicht und fährt mit dem Unterricht fort. "Was würdet ihr beispielsweise auf meinen Grabstein schreiben, wenn ich tot wäre?" In diesem Augenblick entdeckt Mia ihren Radiergummi auf dem Boden und ruft: “Da. Da liegt der Drecksack.”

Ingo zeigt der Mutter sein Zeugnis und klopft ihr auf die Schulter. “Wie du immer sagst, Mama! Hauptsache, wir sind gesund.”

Fragt der Physiklehrer: “Wie kann man einen luftleeren Raum erzeugen!” Meldet sich Gitta: “Indem man mit einem Fahrrad über Nägel fährt.”

Timo und Ali sitzen im Klassenraum ihrer Schule. Die Lehrerin fordert die Klasse auf: “Alle mal bitte aufzeigen, die Deutsche sind.” Alle Kinder zeigen auf. Nur Ali nicht. Verwundert schaut die Lehrerin zu Ali und sagt: “Du bist doch in Deutschland geboren.” Ali nickt. “Dann bist du auch Deutscher. Du kannst also ruhig aufzeigen.” Ali hebt den Finger. Zu Hause beim Abendessen erzählt Ali seinem Vater davon. Der Vater springt wütend auf und gibt Ali eine Backpfeife. Ali springt nun ebenfalls wütend auf und ruft: “Oh Mann, kaum ist man Deutscher, schon hat man Stress mit den Türken.”

In der Schule fragt der Lehrer: “Wer kann mir die drei Eisheiligen nennen?” Meldet sich eine Schülerin: “Langnese, Schöller und Mövenpick.”

Tobias kommt aus der Schule. Sein Vater erwartet ihn schon und droht ihm mit dem Zeigefinger. “Deine Lehrerin hat mir geschrieben, dass es ihr unmöglich wäre, dir etwas beizubringen.” – “Siehst du”, antwortet Tobias, “ich habe dir ja gleich gesagt, dass sie nichts kann.”

Stefan kommt mit einem sehr, sehr schlechten Zeugnis nach Hause. Die Eltern regen sich furchtbar auf und schimpfen laut mit ihm. Eine kleine Atempause der beiden nutzt Stefan und will von seinen Eltern wissen: “Was meint ihr? Woran kann es bei mir nur liegen? Mal ganz ehrlich! Entweder es liegt an den Umwelteinflüssen oder an den Erbfaktoren!”

Der Erdkundelehrer stellt einen dicken Globus aufs Pult. “Wer kann mir zeigen, wo Amerika liegt?” Britta zeigt. “Na, dann komm mal nach vorne.” Britta dreht den Globus und zeigt auf den amerikanischen Kontinent. “Perfekt, Britta.” Der Lehrer wendet sich an die Klasse und fragt: “Und wer kann mir sagen, wer Amerika entdeckt hat?” Alle Kinder aus der Klasse zeigen nach vorne auf Britta und rufen: “BRITTA!”

Die Mama kommt ins Zimmer der Tochter Selma. Das Zimmer ist leer. Nur ein Brief liegt auf dem Laken des Bettes. Die Mutter ahnt: “Es ist was passiert!” Seufzend setzt sie sich auf die Matratze und öffnet den Brief: “Liebe Mama! Ich weiß, dass du mich aufgehalten hättest, aber ich musste gehen. Ich folge meiner großen Liebe. Ich wünschte, ich könnte ihn dir vorstellen. Er ist ein echter Mann. Die vielen Tattoos und Piercings machen ihn noch viel männlicher. Ich bin mit ihm auf seiner Maschine unterwegs zu seinem Wohnwagen. Sucht mich nicht. Der Wohnwagen steht versteckt mitten im Wald. Ahmed ist noch auf der Flucht vor dem gegnerischen Familienclan. Aber das Tollste, Mama! Ich bin schwanger. Wir hoffen, es wird ein Junge, damit Ahmeds Waffenhandels-Imperium später in der Familie bleiben kann. Na ja, wenn das erste Kind ein Mädchen wird, ist das auch nicht so schlimm. Wir wollen viele Kinder, denn wir wissen nicht genau, wie lange Ahmed mit seiner Aids-Krankheit leben wird. Aber ich mache mir keine Sorgen. Seit ich mit Ahmed Marihuana rauche, bin ich ganz entspannt. Der Anbau von Haschpflanzen ist doch ein schönes Hobby und lukrativ noch dazu. Ich melde mich ganz bestimmt wieder bei dir und Papa, also macht euch keine Sorgen! Ich bin schließlich schon dreizehn und wenn wir aus Ahmeds Heimatland zurückkommen, dann bin ich sogar verheiratet. Hab dich lieb und melde mich nach der Entbindung! Deine Selma

P. S.: Ist natürlich alles nicht wahr. Ich bin nebenan bei Tante Kathrin. Wollte dir nur sagen, dass es wirklich viel schlimmere Dinge im Leben gibt als mein Zeugnis, das auf dem Schreibtisch liegt.

Der Lehrer sitzt am Lehrerpult und steht langsam auf – die Klassenarbeitshefte in der Hand. "Soooo! Jetzt bitte: Alle, die glauben, ein Idiot zu sein, stehen jetzt bitte auf!" Die Schüler blicken betroffen auf den Boden, aber keiner steht auf. Nach einer Weile steht dann der Klassenbeste auf. Fragt der Lehrer: "Was machst denn du da?" Sagt der Schüler: "Es tut mir leid, Sie als Einzigen stehen zu sehen."

Der Lehrer fragt die Klasse: "Wenn fünf Euro auf dem Tisch liegen und ich zwei davon klaue, was gibt das dann?" Ohne aufzuzeigen, ruft Kevin laut: "Dann gibts Prügel!"

Tim ist empört: "Herr Rechen, warum habe ich denn in der Mathearbeit eine Sechs bekommen?" Herr Rechen seufzt. "Weil es leider keine Sieben gibt!"

Der Lehrer liest den Schülern die Geschichte vom verlorenen Sohn vor: "Der Vater des verlorenen Sohnes aber fiel auf sein Angesicht und weinte bitterlich." Der Lehrer schaut sich um: "Ingo! Was meinst du? Warum weinte der Vater?" Ingo schüttelt den Kopf. "Ich würde auch weinen, wenn ich mit der Schnauze voll aufs Pflaster knalle!"

Lehrer Dutsche hat die Aufsatzhefte zurückgegeben. Hanna betrachtet nachdenklich, was er unter ihren Aufsatz geschrieben hat. Dann fragt sie: "Herr Dutsche. Ich habe mal eine Frage." – "Was ist denn, Hanna?", fragt der Lehrer. "Ich kann das nicht lesen. Was haben Sie da unter meinen Aufsatz geschrieben?" Seufzend erklärt der Lehrer: "Da steht, du sollst leserlich schreiben."

Tine sitzt in der Schule und hält sich die Ohren zu. "Was ist denn los, Tine?", fragt der Lehrer. "Hast du Ohrenschmerzen?" "Nö, aber Sie haben doch gerade gesagt, was bei mir beim einen Ohr rein geht, geht zum anderen direkt wieder raus."

Die Geschichtslehrerin, Frau Rottmann: "Maja! Was weißt du über die alten Römer?" Maja überlegt nicht lange: "Die alten Römer sind alle tot."

Beim Sportunterricht liegen alle auf dem Rücken und sollen mit den Beinen Rad fahren. "Hey, Max!", schimpft der Lehrer. "Warum machst du nicht mit? Du bewegst dich ja gar nicht." – "Bei mir geht's gerade bergab. Sieht man doch!"

Lena und Marta unterhalten sich nach dem Biologietest. Lena fragt die Freundin: “Boah, war das schwer. Ich hab nichts gecheckt und ein leeres Blatt abgegeben. Wie ist es denn bei dir gelaufen?” Marta stöhnt laut auf: “Oh nein! So ein Mist. Ich habe auch ein leeres Blatt abgegeben. Hoffentlich denkt der Lehrer nicht, ich hätte bei dir abgeschrieben!”

“Robin! Das glaube ich jetzt nicht ...” Die Musiklehrerin steht entsetzt vor Robins geöffnetem Geigenkasten. “Du kommst mit einem Maschinengewehr zur Schule?” – “Ach du grüne Neune. Da wird Papa aber sauer sein!” Robin ist ebenso entsetzt wie die Lehrerin. “Oh, nein. Mein Papa. Hoffentlich reicht die Geige in der Bank!”

Marie schreibt im Diktat das Wort Tiger klein. Der Lehrer seufzt: “Ach Marie, wie oft soll ich es denn noch erklären. Alles, was du anfassen kannst, wird großgeschrieben. Ist das denn so schwer?” Entsetzt erwidert Marie: “Glauben Sie denn wirklich, ich bin so doof, einen Tiger anzufassen?”

Der Deutschlehrer dekliniert vor der Klasse: “Ich gehe, du gehst, er geht, wir gehen, ihr geht, sie gehen.” Fragend schaut er die Schüler an. “Kann mir einer sagen, was das bedeutet?” Tessa schnippt mit den Fingern. “Ja, Tessa?” Tessa: “Ist doch klar. Alle sind weg!”

Lehrerin fragt beim Grammatikunterricht: “Wenn ich sage, ich bin schön, um welche Zeitform handelt es sich dann?” Kevin: “Das ist einfach! Das ist Vergangenheit?”

Lehrer: “Wenn ich vier Eier auf das Pult lege, und du legst noch einmal vier Eier dazu, wie viele Eier haben wir dann?” Schüler: “Tut mir leid, Herr Lehrer, aber ich kann keine Eier legen.”

Der Lehrer ist genervt und raunzt Max an: “Weiß du, wie man dein Gehirn auf die Größe einer Erbse bringen könnte?” Max schaut betreten zu Boden. “Nein, weiß ich nicht.” – “Ganz einfach aufblasen.”

Papa Boll wartet ungeduldig auf seinen Sohn David. Als er viel zu spät nach Hause kommt, fragt Herr Boll: “Warum kommst du heute so spät aus der Schule?” – „Tut mir leid, Papa. Ich musste nachsitzen.” – „Warum das denn?“ – “Ich habe mich geweigert, jemanden zu verpetzen.” Herr Boll nickt anerkennend. “Das war aber anständig. Um was ging es denn?” David: “Um Julius Cäsar. Der Lehrer wollte unbedingt wissen, wer ihn ermordet hat.”

Vor der Schule steht ein Schild mit der Aufschrift: “Vorsicht! Überfahren Sie die Kinder nicht.” Darunter hat jemand den Satz gekribbelt: “Genau! Warten Sie lieber auf die Lehrer.”

Es ist der erste Schultag auf dem Gymnasium. Die Lehrerin bittet die Schüler und Schülerinnen, sich nacheinander vorzustellen. Lisa: “Mein Name ist Lisa. Ich bin 10 Jahre alt. Mein Vater ist Lokführer.“ Marvin ist an der Reihe: “Mein Name ist Marvin. Ich bin 11 Jahre alt und mein Vater arbeitet bei einer Versicherung.” Schließlich ist Till dran: “Hallo, ich heiße Till, bin 10 und mein Vater ist Kloputzer.” Die Lehrerin fragt erstaunt nach: “Dein Vater ist wirklich Kloputzer?” Verlegen blickt Till nach unten. “Nein, eigentlich ist mein Vater Fußballspieler.” Die Lehrerin: “Aber das ist doch ein schöner Beruf!” Till: “Wenn man für Schalke spielt, wirds aber peinlich.”

Die Lehrerin fragt die neue Schülerin: “Also Malaika. Aus welchem Land kommt denn deine Familie?“ Malaika erwidert stolz: “Aus der Dominikanischen Republik.” – “Ach”, freut sich die Lehrerin. “Das ist ja schön! Kannst du uns das einmal buchstabieren?” Malaika denkt kurz nach und meint: “Also, wenn ich so darüber nachdenke – eigentlich kommen wir aus Haiti.”

Im Chemieunterricht fragt Frau Müller die Klasse: “Was passiert mit Gold, wenn man es an der freien Luft liegen lässt?” Jens schlägt sich die Hand vor die Stirn und ruft: “Das ist einfach! Es wird gestohlen!”

Der Deutschlehrer fragt: “Was geschah im Jahre 1749?” Stille. Alle Schüler schweigen. “Da wurde der große deutsche Dichter Johann Wolfgang Goethe geboren”, beantwortet der Lehrer schließlich die Frage selbst. “Und was geschah 1759?” Rieke in der letzten Reihe springt auf und ruft begeistert: “Da feierte Goethe seinen 10. Geburtstag!”

“Dein Opa soll morgen einmal zu mir in die Sprechstunde kommen”, sagt der Lehrer. “Warum denn mein Opa und nicht mein Vater?”, wundert sich der Schüler. “Nein, dein Großvater soll kommen. Weil der Sohn deines Opas – also dein Vater – jede Menge Fehler in deinen Schulaufgaben gemacht hat. Das sollte Opa ruhig wissen.“

Tierwitze

Tierwitze sind immer wieder gut. Das liegt vielleicht daran, dass die Tiere plötzlich sprechen können und sich wie die Menschen verhalten. Auch wenn unterschiedliche Tiere aufeinandertreffen, wie zum Beispiel der Elefant auf die Ameise, wird´s lustig. Denn eigentlich passen die Tiere ja gar nicht zusammen. Sie würden niemals miteinander sprechen. Eigentlich hätten sie gar nichts miteinander zu tun. Genau darum wird es aber lustig. Bei Tierwitzen spielt die Fantasie eine sehr große Rolle.

Also viel Spaß mit unseren tierischen Witzen!

Gut gelaunt wälzt sich der Elefant auf der Erde, bis er merkt, dass er sich in einen Ameisenhaufen gelegt hat. Er springt auf, doch es ist zu spät. Die kleinen Tierchen sind bereits überall. Trötend schüttelt sich der Elefant. Alle Ameisen fallen auf den Boden. Eine einzige Ameise kann sich am Elefantenhals festkrallen. Die Ameisen auf dem Boden wollen Rache für den Abwurf und feuern ihren Freund vom Boden aus an: "Los, Ferdi! Würg ihn. Würg ihn!"

Zufrieden reibt sich der Hai mit der Serviette über sein Maul und murmelt: „Prima Futter, so ein Windsurfer! Direkt mit Serviette und Frühstücksbrettchen."

Die Ferien sind zu Ende. Theo war in Spanien und glaubt, jetzt alles über Stierkämpfe zu wissen. In der Pause erklärt er seinem Kumpel Moritz: "Wusstest du, dass alle Stiere farbenblind sind? Die erkennen das rote Tuch beim Stierkampf überhaupt nicht. Die Stiere sind farbenblind. Sie reagieren überhaupt nicht auf Rot. Nur Kühe können Rot erkennen." Verwundert fragt Moritz nach: "Und warum werden Stiere dann so wild, wenn man ihnen ein rotes Tuch vor die Nase hält?" Theo verdreht die Augen. "Ist doch klar. Weil sie glauben, dass man sie für Kühe hält."

Stehen zwei Kühe auf der Weide. Die eine Kuh schaut besorgt aus und fragt: „Sag mal, warum ist die Erna so mager geworden?" Die andere schüttelt den Kopf: "Traurig. Erna ist plötzlich so abergläubisch geworden. Die frisst nur noch vierblättrige Kleeblätter."

Kommt das Huhn ins Frühstückszimmer des Hotels. Es setzt sich an den Tisch und ruft den Kellner: “Ich hätte gerne einen Eierbecher, einen Löffel, Salz und eine Serviette. Den Rest mache ich selbst.”

Chrissi steht an der Haltestelle. Am Zaun daneben sitzt ein süßer Hund an der Leine festgebunden und wartet. Chrissi dreht sich um und fragt eine Frau: “Tschuldigung. Könnten Sie wohl mal den Hund streicheln?” Die Frau lächelt: “Natürlich. Sehr gerne? Du hast aber wirklich einen ganz süßen Hund!” Chrissi erwidert:” Ach, das ist nicht meiner. Ich wollte nur mal wissen, ob der beißt.”

Eine schwangere Stute wird vom Tierarzt untersucht. Der klopft ihr beruhigend auf den Hals. “So! Das Fohlen ist unterwegs!” Schnaubt die Stute: “Mist! Bei dem Wetter?”

Herr Gletscher wünscht sich schon lange einen Eisbären. Also geht er in die Tierhandlung und fragt. “Haben Sie einen Eisbären zu verkaufen?” Der Händler klatscht in die Hände und freut sich: “Der ist sehr ganz zahm und sehr kuschelig. Sie dürfen ihm aber NIEMALS an die Nase fassen!” Zu Hause läuft es eine Weile richtig gut. Der Eisbär ist brav und folgsam. Doch nach einer Weile denkt Herr Gletscher: “Ich bin so neugierig. Was wohl passiert, wenn ich meinem Eisbären an die Nase fasse. Vorsichtig berührt er die schwarze Nase des Bären. Der Eisbär springt auf und stürzt sich mit Gebrüll auf Herrn Gletscher. Der rennt um sein Leben. Die Treppe hinauf und wieder hinab, durch den Flur, ins Wohnzimmer und dann in die Küche. Der Eisbär folgt ihm auf dem Fuße und ist immer ganz dicht hinter ihm. „Ich kann nicht mehr“, denkt Herr Gletscher nach einer Stunde. Erschöpft bleibt er stehen. Er spürt die Pranke des Bären auf seiner Schulter. “Mein letztes Stündlein hat geschlagen!”, denkt der Mann und wartet auf den tödlichen Biss. “Du bist dran!”, ruft der Eisbär, dreht sich um und läuft weg!

Jeden Tag kommt Frau Vogel zweimal an der Tierhandlung vorbei. Einmal auf dem Weg zur Arbeit und einmal auf dem Weg zurück nach Hause. Nie ist sie belästigt worden. Doch an diesem Vormittag sitzt ein neuer Papagei im Schaufenster auf der Stange. “Hey, du!” Frau Vogel dreht sich um. “Du siehst echt zum Kotzen aus!”, ruft der Vogel. Frau Vogel ärgert sich, geht aber weiter zur Arbeit. Auf dem Weg zurück nach Hause hört sie wieder den Vogel krächzen: “Hey, du! Du siehst zum Kotzen aus!” Jetzt wird Frau Vogel richtig sauer. Sie betritt den Laden und will den Geschäftsführer sprechen. Sie droht, eine Anzeige wegen Beleidigung zu erstatten. Der Tierhändler verspricht, sich um die Angelegenheit zu kümmern. “Das wird nicht mehr vorkommen” ,sagt er. Am nächsten Tag ist Frau Vogel gespannt, was vor dem Geschäft passieren wird. “Hey, du!” Der Geschäftsführer kommt mit verschränkten Armen von hinten. Der Papagei legt den Kopf schief und ruft: “Du weißt Bescheid ...”

Herr Ara möchte einen Papagei kaufen und betritt die Tierhandlung. Der freundliche Verkäufer zeigt ihm begeistert ein paar prächtige und bunte Exemplare. “Der hier ist besonders schlau! Wenn Sie an seinem linken Bein ziehen, dann sagt er Guten Morgen. Und wenn Sie ihn an dem rechten Bein ziehen, dann sagt er Gute Nacht. “Ach das ist ja toll”, freut sich Herr Ara. Neugierig fragt er nach: “Sagen

Sie. Was passiert denn, wenn ich an beiden Beinen ziehe?" – "Dann fall ich um, du Trottel!", krächzt der Papagei.

Zwei Elefanten betrachten sich im Spiegelbild des Wasserloches. Sie blicken auf und sehen eine Herde Zebras. Seufzt die eine Elefantenfrau: "Die Modemagazine haben schon recht." – "Wieso das denn?", fragt die andere. "Na guck doch mal. Das ist doch offensichtlich. Streifen machen schlank."

Drei Schildkröten sind auf dem Weg zu einer Quelle, um ihren Durst zu stillen. Sie laufen und laufen. Es vergehen drei Jahre. Endlich haben sie die Quelle erreicht. Vom Durst geplagt und ausgedörrt wollen sich zwei Schildkröten direkt auf das Wasser stürzen. "Stopp!", ruft plötzlich die dritte Schildkröte. "Ich habe meinen Trinkbecher vergessen!" – "Das ist doch völlig egal!", ruft die erste Schildkröte. "Wir müssen endlich was trinken!" – "Ja, wenn ich nicht bald trinken kann, verdurste ich", stimmt die zweite Schildkröte zu. "Nein, nein," sagt die dritte Schildkröte, "wir haben keine Gläser und keine Becher. Das ist doch ganz ohne Stil! Wo bleiben denn eure Manieren? Hört zu! Ich gehe zurück und hole die Becher. Ihr wartet hier und ruht euch aus!" – "Na gut!", seufzt die erste Schildkröte. "Okay, wir warten auf dich." Die beiden graben sich im warmen Sand ein und warten. Und warten und warten. Sie warten ein Jahr. Sie warten zwei Jahre. Sie warten drei Jahre. "Ich kann nicht mehr! Ich muss etwas trinken!!!" – "Du hast Recht. Zum Teufel mit den Manieren." Die beiden zurückgelassenen Schildkröte sehen sich an. Dann buddeln sie sich aus dem Sand und schleppen sich zur Quelle. Als sie ihre Köpfe in das ersehnte Nass tauchen wollen, kommt die erste Schildkröte aus einem Gebüsch gekrochen. Beleidigt ruft sie: “Hey Leute! So geht das nicht! Wenn ihr mich verarschen wollt, dann gehe ich gar nicht erst los!”

Eine Giraffe und ein Kaninchen unterhalten sich. Sagt die Giraffe: “Ach, wenn du wüsstest, wie schön das ist, einen so langen Hals zu haben. Das ist der pure Genuss. Jedes leckere Blatt, das ich esse, wandert ganz langsam meinen langen Hals hinunter und ich kann jedes Blatt extrem lange genießen.” Das Kaninchen schaut desinteressiert zur Giraffe hinüber. “Und?” Die Giraffe schaut von oben auf das Kaninchen hinunter. “Ach, und erst im Sommer, mein liebes Kaninchen. Wenn ich das kühle Wasser aus der Quelle trinke. Dann strecke ich meinen Hals ganz lang. Das Wasser gleitet Tropfen für Tropfen ganz langsam meinen Hals hinab. Eine ewige Erfrischung! Du kannst es dir nicht vorstellen. Wie auch mit einem solch kurzen Hals!” Das Kaninchen hoppelt davon und ruft der Giraffe zu: “Schon mal gekotzt?”

Die Maus sitzt ganz allein in einem Kinosaal. Da kommt der Elefant herein und setzt sich direkt vor die Maus. Verärgert versucht die Maus, um den Elefanten herum auf die Leinwand zu schauen. Aber der Elefant versperrt ihr die Sicht. Die Maus springt auf und wechselt wütend den Platz. “Na warte!”, denkt sie und setzt sich direkt auf den Sessel vor dem Elefanten. Triumphierend dreht sie sich zum Elefanten um. „Tja, ganz schön doof, wenn sich jemand direkt vor einen setzt und man nichts mehr sehen kann, oder?“

Ein Einbrecher schleicht nachts durch die Wohnung eines wohlhabenden Paares. Er ist sich sicher, dass sie nicht zu Hause sind, lässt aber vorsichtshalber das Licht aus. Langsam tastet er die Wände nach einem Safe ab. Als er eine Stimme in der Dunkelheit hört, schreckt er hoch! “Ich sehe dich, und Jesus sieht dich auch!” Der Einbrecher erstarrt. Stille. Einige Minuten später wieder die Stimme: “Ich sehe dich, und Jesus sieht dich auch!” Nun wird es ihm unheimlich, er zieht die Taschenlampe aus der Jacke und leuchtet durch den Raum. Er sieht einen Käfig mit einem Papagei. “Hast du das gesagt?” Der Papagei wiederholt: “Ich sehe dich, und Jesus sieht dich auch!” Der Einbrecher lacht: “Na und? Du bist doch nur ein scheiß Papagei!” – “Ja. genau! Ich bin ein scheiß Papagei. Aber mein Kumpel Jesus ist ein scheiß Bullterrier!”

Förster Holzmann ist mal wieder im Wald unterwegs. Da begegnet ihm ein leise weinendes Eichhörnchen. “Hallo Eichhörnchen! Was ist denn mit dir passiert? Warum weinst du so?”, will der Förster wissen. Das Eichhörnchen jammert: „Der Bär hat mich heute gefragt, ob ich fussel. Ich sagte Nein, daraufhin hat er sich mit mir seinen Hintern abgewischt!“ – „Oh! Das ist ja schlimm!“, entgegnet der Förster. Als Förster Holzmann schon auf dem Heimweg ist, trifft auf einen Vogel, der seine Flügel traurig hängen lässt. Dem traurigen Vogel ist genau das Gleiche wie dem Eichhörnchen passiert!. “Das gibt´s ja nicht!”, ruft Förster Holzmann. “Schade, dass ich euch nicht helfen kann!” Als der Förster am nächsten Tag sein Revier begutachtet, trifft er erneut auf das Eichhörnchen und den Vogel. Die beiden lachen sich schlapp. “Na, ihr habt ja heute gute Laune!”, freut sich der Förster. „Was ist denn passiert?” – „Heute …”, kichert das Eichhörnchen. “... hat der Bär einen Igel gefragt!”, lacht der Vogel!

Sitzt ein Löwe am Straßenrand und wartet auf Beute. Da kommt ein Ritter in voller Rüstung vorbei. Der Löwe murmelt vor sich hin: "Mist! Schon wieder Dosenfutter."

Ein Känguru wird eingefangen und in den Zoo gebracht. Gleich am ersten Tag bricht es aus. Als es schließlich wieder eingefangen ist, wird der Zaun erhöht. Am nächsten Tag bricht es wieder aus und wird wieder gefangen. Noch einmal wird der Zaun erhöht und zusätzlich wird ein Graben um das Gehege gebaut. Am nächsten Tag bricht das Känguru wieder aus. Über das Gehege baut der Zoo-Betreiber ein aufwendiges Zaun-Dach, das unter Strom gesetzt wird. Jetzt sollte das Känguru doch wohl sicher verwahrt sein. Aber nein. Am darauf folgenden Tag bricht das Känguru erneut aus. Egal was die Mitarbeiter des Zoos auch anstellen. Jeden Tag entwischt das Känguru und wird mühselig wieder eingefangen. Inzwischen hat sich das Känguru mit seinem Nachbarn, dem Gnu angefreundet. Die beiden treffen sich an der Ecke der Gehege. Sagt das Känguru zum seinem neuen Kumpel: „Schau dir das an. Jetzt bauen die auch noch einen Stacheldraht da oben an den Zaun. Wann merken die wohl, dass die Tür offen steht?"

Die Schildkröte ist auf der Polizeiwache, um Anzeige zu erstatten. „Stellen Sie sich vor, Herr Oberwachtmeister. Ich wurde gestern von einer Schnecke überfallen!" Der Polizist nimmt Stift und Papier. "Na, dann erzählen Sie mal, wie das passiert ist!" Die Schildkröte denkt nach und schüttelt den Kopf und seufzt: „Ich kann das gar nicht mehr so genau sagen. Das ist alles so furchtbar schnell gegangen."

Tim und Till unterhalten sich in der Pause.

Tim : "Sag mal, weißt du, warum das Nilpferd rote Augen hat?"

Till : "Woher soll ich das denn wissen."

Tim : "Ich sag es dir! Mit roten Augen können sie sich im Kirschbaum verstecken."

Till : "HÄ! Es gibt keine Nilpferde im Kirschbaum. Ich hab zumindest noch nie eines gesehen."

Tim : "Tja, ist doch logisch. Die sind ja auch gut getarnt!"

Treffen sich zwei Vögel im Wald. Sagt der eine: "Hallo, du siehst ja lustig aus! Bist du ein Kakadu?" Der andere Vogel hebt hochnäsig die Nase. "Für Sie immer noch Kakasie!"

Zwei Mäusedamen sitzen gemütlich zusammen. Die eine strahlt ganz glücklich. "Ich bin so verliebt in meinen neuen Freund!" Darauf die andere ganz aufgeregt: "Ach, du hast einen neuen Freund? Das ist ja spannend! Hast du ein Foto?" – "Na klar, hier, schau mal!" Die zweite Maus schaut sich das Foto an: "Wow! Eine Fledermaus!!" – "So was", meint die Erste. "Hat der mich etwa belogen? Ist das gar kein Pilot?"

Trifft ein dicker Hund auf einen dünnen Hund und sagt: "Wenn man dich so ansieht, könnte man denken, eine Hungersnot wäre ausgebrochen!" Darauf der Dünne: "Und wenn man dich so ansieht, könnte man denken, du seist schuld daran!"

Der Hahn kommt mit einem dicken Straußenei zurück auf seinen Hof. "Alle mal herkommen!", ruft er seinen Hennen zu. Die Hennen kommen angelaufen und scharen sich um ihren Hahn. "Hier!" Der

Hahn hält das Straußenei hoch. “Ich will ja nicht meckern, aber schaut euch doch bitte mal an, was die Konkurrenz zustande bringt!”

Der junge Löwe jagt einen Touristen durch die Steppe. “Schluss jetzt, Simba!”, ruft die Löwenmama. “Wie oft soll ich es dir noch sagen. Mit Essen spielt man nicht!”

Zwei Katzen sitzen vor dem Vogelkäfig. “MHM, köstlich, köstlich. Ein Kanarienvogel.” Genussvoll leckt sich die eine Katze über das Maul. Die zweite Katze schüttelt den Kopf. “Das kann kein Kanarienvogel sein.” – “Warum das denn nicht?”, wundert sich die erste Katze. “Na, der ist ja grün und nicht gelb!” Die erste Katze überlegt eine Weile und sagt dann: “Warten wir noch ein wenig. Wahrscheinlich ist der Vogel einfach noch nicht reif!”

Ein Vogelpaar sitzt hoch oben im Baum und beobachtet eine Schildkröte, die mühsam den Baum hochkriecht. Endlich am ersten Ast angekommen, stößt sie sich ab und versucht zu fliegen und landet … plumps … im weichen Sand. Immer und immer wieder versucht die Schildkröte, zu fliegen. Das Vogelpaar schaut sich an. “Schatz!”, zwitschert das Vogelweibchen. “Ich glaube, wir müssen ihr endlich sagen, dass sie adoptiert ist.”

Ping und Pong, zwei Pinguine am Südpol schauen auf das Thermometer. Sagt Ping: “Schau mal 34 Grad unter null! Das riecht nach Hitzefrei!!!!! “Vielleicht bekommen wir heute Hitzefrei!”

“Ich möchte einen Papagei, der singen kann!”, erklärt der Mann dem Zoohändler. Der Zoohändler strahlt. “Perfekt. Ich habe genau den richtigen Papagei für Sie! Der singt wie eine Lerche. Aber Sie sollten eines wissen und unbedingt beachten. Sie müssen dem Papagei jeden Sonntag eine Feder vom Po rupfen, sonst singt er nicht mehr.” Der Mann kauft den Papagei. Am nächsten Sonntag rupft der Mann seinem Vogel eine Feder vom Po. Genauso, wie der Zoohändler es ihm geraten hatte. Dann nimmt er seinen Papagei mit in die Kirche zum Gottesdienst. Der Priester singt: “Ach, wenn doch jeder Tag ein Sonntag wäre.” Der gerupfte Papagei stimmt ein: “Dann hätte ich keine Federn mehr am Po.”

Eine Frau wohnt im vierten Stock. In ihrem Blumenkasten auf dem Balkon findet sie eine Schnecke und wirft sie runter. Zwei Jahre später klingelt es an ihrer Wohnungstür. Die Frau macht auf. Auf dem Boden hockt die Schnecke und schreit: “Sag mal, was war das denn eben!”

Ein Mann mit einem Pinguin läuft die Straße entlang. Verblüfft spricht ihn eine Frau an: “Wo haben Sie denn den Pinguin her?” – “Der ist mir zugelaufen.” Ratlos schüttelt der Mann den Kopf. “Jetzt weiß ich nicht, was ich mit ihm machen soll.” – “Warum gehen Sie mit ihm nicht einfach in den Zoo?” Der Mann lächelt. “Das ist eine wirklich gute Idee!” Drei Stunden später begegnet die Frau dem Mann erneut. “Wollten Sie nicht mit dem Pinguin in den Zoo?” Der Mann lacht: “Ja, das hat ihm sehr gut gefallen. Jetzt gehen wir ins Kino!”

Zwei Ameisen tragen ein Klavier in den zehnten Stock eines Hochhauses. Da sagt die eine Ameise: "Hör mal, ich habe eine gute und eine schlechte Nachricht für dich! Welche willst du zuerst hören?" – "Die gute Nachricht!" – "Das hier ist die zehnte Etage." Erleichtert stellt die andere Ameise das Klavier ab. "Und was ist die schlechte Nachricht?" – "Wir sind im falschen Haus."

Tim geht im Restaurant zur Toilette. Gerade hat er sich hingesetzt, da hört er eine Mücke rufen: "Ich bin über dir und brauche Blut von dir!" Tim schaut nach oben und ruft: "Ich bin unter dir und brauche Klopapier."

Familienwitze

Auch in Familien kommt es oft zu witzigen Situationen und Dialogen. Das liegt ganz bestimmt daran, dass sich die einzelnen Familienmitglieder wirklich gut kennen und sehr viel Zeit miteinander verbringen. In einer Familie muss man nicht überlegen, was man sagen darf und was lieber nicht. In einer Familie kann man einfach "raushauen", was einem gerade durch den Kopf geht. In Familien wird man auch nicht so schnell sauer aufeinander. Und wenn doch, dann verträgt man sich auf jeden Fall schnell wieder. Und es gibt doch nichts Besseres, als gemeinsam mit der Familie zu lachen!

Hier also eine kleine Auswahl an Familienwitzen

Familie Müller wohnt im 25. Stock eines Hochhauses. Eines Tages – die Familie kommt gerade vom gemeinsamen Einkauf aus der Stadt zurück – ist der Aufzug defekt. Es bleibt ihnen nichts anderes übrig, als die Treppe zu nehmen. "Erzählen wir uns doch ein paar Witze. Dann wird der Aufstieg bestimmt viel einfacher und lustiger." Und tatsächlich lachen sich alle bis zum 23. Stock nach oben. Mama Müller hält sich den Bauch vor Lachen: "Jetzt fällt mir aber echt kein Witz mehr ein!" Papa Müller kramt hektisch in der Tasche und murmelt dann kleinlaut: „Tja, also! Ich hätte da noch einen! Der Wohnungsschlüssel ist in meiner Tasche." – "Was ist denn daran witzig?" – "Äh, die Tasche ist im Auto."

Papa sitzt am Tisch und füllt seinen Lottoschein aus. Sein Sohn kommt aus der Schule zurück. "Und? Was hast du in der Mathearbeit, die ihr heute zurückbekommen habt?" Der Sohn zeigt auf den Lottoschein. "Das, was du dir schon sehr, sehr lange wünschst. Einen Sechser!"

Die Tochter plant eine Urlaubsreise mit der Familie ihrer Freundin nach Afrika. Die Mutter macht sich Sorgen: "Kind! In Afrika, da gibt es Schlangen. Was machst du, wenn du einer begegnest?" Entnervt entgegnet die Tochter: "Was soll ich schon machen? Mich anstellen, Mama!"

Max ist mit den Eltern im Zoo. Am Zebragehege hängt ein Schild: "Vorsicht, frisch gestrichen!" Max ist empört und ruft: "Das gibts doch gar nicht. Ich dachte, die Streifen auf den Zebras wären echt!"

Die 12-jährige Lili blättert in einem Magazin. Als die Mutter in das Zimmer kommt, schaut Lili hoch und quengelt: "Mama! Ich wünsche mir so sehr ein Pony!" Die Mutter schüttelt mit dem Kopf und schaut ihre Tochter prüfend an. "Also Lili, ich weiß wirklich nicht … Hältst du das für eine gute Idee?!" Lili springt auf. "Ja klar! Das wird super." Die Mutter seufzt: "Okay, wenn du meinst! Dann gehen wir also gleich zum Friseur."

Was ist, wenn einer der letzten überlebenden Schwarzfuß-Bären auf einen Baum steigt?

Dann steht ein Schwarzfuß-Bär weniger auf der Erde. Und was ist, wenn zwei der letzten überlebenden Schwarzfuß-Bären auf einen

Baum steigen? Dann sitzt ein Schwarzfuß-Bär mehr auf dem Baum! Und was ist, wenn fünf der letzten überlebenden Schwarzfuß-Bären auf einen Baum steigen?

Dann bricht der Ast ab.

Herr Bell steht am Gartenzaun und unterhält sich mit seinem Nachbarn. "Also, gestern im Tierheim haben wir einen wunderbaren Hund für unseren Sohn bekommen." Der Nachbar klopft Herrn Bell auf die Schulter. "Ach super! Das freut mich! Da habt ihr ja einen super Tausch gemacht!"

Herr und Frau Schmidt haben sich gestritten und reden nicht mehr miteinander. Abends schreibt Herr Schmidt seiner Frau einen Zettel und legt ihn auf deren Nachtisch. "Weck mich morgen um 6.30 Uhr." Am nächsten Morgen wacht Herr Schmidt auf und schaut auf die Uhr. 8.30 Uhr. Wütend springt er auf. Ein Zettel flattert vom Nachtisch. "Es ist genau 6.30 Uhr. Du musst JETZT aufstehen."

Die Mutter kommt vom Elternsprechtag nach Hause. "Klaas!", ruft sie ihren Sohn zu sich. "Dein Lehrer beklagt sich über dich!" Klaas zuckt mit den Schultern. "Ach Mama, das musst du nicht so eng sehen. Du sagst doch selbst immer, dass sich heutzutage alle Leute beklagen."

Familie Beier sitzt am Tisch und isst. Der Sohn, Hubi, will etwas erzählen, aber Papa Beier unterbricht ihn direkt: "Mit vollem Mund spricht man nicht, Hubi!" Endlich haben alle aufgegessen. „So Hubi, was wolltest du denn vorhin sagen?" Hubi hebt bedauernd die Schultern. "Zu spät, jetzt hast du den Wurm schon mitgegessen."

Die Mutter sitzt in der Küche und schreibt den Einkaufszettel. "Lisa!", ruft sie der Tochter zu. "Schau doch mal kurz, wie lang die Kinderzahnpasta noch reicht!" Einige Augenblicke später steht Lisa in der Küche. "Die Zahnpasta reicht genau vom Badezimmer durch den Flur bis zum Schlafzimmer."

Es sind Sommerferien, aber es ist schweinekalt. "Schade", sagt die Mutter. "Viel zu kalt für einen Ausflug!" – "Ach Mama. Dann fahren wir eben am Wochenende. Am Wochenende sollen es 30 Grad werden!" – "Wirklich?", fragt die Mutter erstaunt. "Ja. Am Samstag 15 Grad und am Sonntag 15 Grad."

Marie kommt heulend aus dem Garten ins Haus. "Ich habe einen Holzsplitter im Finger!" Geht die große Schwester an ihr vorbei: "Hast dich wohl am Kopf gekratzt, was?"

Familie Meier sitzt im Flugzeug nach Spanien. Plötzlich wird die Mutter ganz blass. "Oh Gott, Werner ..." wendet sie sich an ihren Mann. "Ich habe vergessen, den Herd abzustellen! Das ganze Haus wird abbrennen!" Werner Meier bleibt ganz gelassen und beruhigt seine Frau: "Kein Problem, Martha! Das wird nicht passieren. Ich habe nämlich vergessen, die Wasserhähne zuzudrehen!"

Tom zum Vater: “Kannst du mir einen Gefallen tun und mir meine Fußballschuhe holen?” Der Vater lächelt: “Na klar, wo sind sie denn?” Tom grinst: “Momentan noch im Sportgeschäft.”

Familie Meier sitzt am Frühstückstisch. “Mama, kannst du mir sagen, wo Australien liegt?” Die Mutter überlegt und schüttelt den Kopf. Der Vater schaut von seiner Zeitung auf und sagt: “Weit kann es nicht sein. Bei uns im Büro arbeitet ein Australier und der kommt jeden Morgen mit dem Fahrrad zur Arbeit!”

Familie Grau sitzt im Auto. Sie fahren in den Urlaub. Plötzlich steht eine Katze mitten auf der Landstraße. Der Vater ruft nach hinten zu den Kindern: “Stehen bleiben oder weiter fahren?” Olli und Mollie schreien von hinten nach vorne: “WEITERFAHREN, WEITERFAHREN!” Blut spritzt an die Scheiben, Gedärme fliegen durch die Luft! Die Familie reißt die Arme hoch und lacht. Plötzlich – wie aus dem Nichts: eine Giraffe auf der Landstraße. Der Vater ruft nach hinten zu den Kindern: “Stehen bleiben oder weiter fahren?” Olli und Mollie schreien von hinten nach vorne: “WEITERFAHREN, WEITERFAHREN!” Blut spritzt an die Scheiben, Gedärme fliegen durch die Luft! Die Familie reißt die Arme hoch und lacht. Kurze Zeit später erblickt Herr Grau einen Elefanten auf der Straße. Der Vater ruft nach hinten zu den Kindern: “Stehen bleiben oder weiter fahren?” Olli und Mollie schreien von hinten nach vorne: “WEITERFAHREN, WEITERFAHREN!” Blut spritzt an die Scheiben, Gedärme fliegen durch die Luft! Der Elefant hebt den Rüssel und lacht.

Das Taxi hält vor dem Haus. Tante Josi und Tante Hille steigen aus. Der Taxifahrer lädt das Gepäck aus dem Kofferraum und einige Schachteln, die auf der Rückbank verstaut sind. Die Tanten umarmen ihre Verwandten, die sie schon zur Haustür führen. Tante Josi ist noch ganz schön fix im Kopf und sieht sofort, dass nicht alle Gepäckstücke und Mitbringsel auf der Straße stehen. Sie ruft den Großneffen Max zur Hilfe: "Lauf schnell und halte das Taxi auf." Tatsächlich sitzt der Fahrer abfahrbereit hinter dem Steuer. Max läuft schnell zur Fahrerseite und klopft an die Scheibe. Der Fahrer lässt die Scheibe runter. "Eine Schachtel fehlt noch!", ruft er. Der Fahrer schüttelt den Kopf. "Nee, nee. Die alten Schachteln sind beide ausgestiegen."

Peter geht mit seiner Mutter in die Stadt zum Einkaufen. "Mama, gibst du mir drei Euro für die alte Frau?" Die Mutter ist gerührt und sagt: "Das finde ich aber schön, dass du armen Menschen helfen möchtest." Die Mutter schaut sich um: "Wo ist denn die alte Frau?" Peter: "Sie steht da vorne und verkauft Eis."

Marie erzählt den Freundinnen am letzten Schultag: "Letztes Jahr haben wir in den Ferien eine Weltreise gemacht." – "Wow! Das ist ja toll", staunt Lea. "Und wo fahrt ihr dieses Jahr hin?" – "Also in diesem Jahr fahren wir auf jeden Fall woanders hin."

Ängstlich geht Herr Nichtsnutz am Morgen zur Arbeit in die Fabrik. Man munkelt, dass einige der Mitarbeiter bald ihren Arbeitsplatz verlieren werden. Er klopft an die Tür des Chefs. "Herein!" Herr Nichtsnutz tritt ein, fasst allen Mut zusammen und fragt: "Chef, ich habe gehört, ein paar von uns müssen gehen – wegen der

Computer und so!" Der Chef schüttelt den Kopf. "Sie müssen sich keine Sorgen machen, Herrn Nichtsnutz. Ich habe noch nie von einem Computer gehört, der gar nichts kann!"

Frau Wolf steht am Nachbarzaun und unterhält sich mit der Nachbarin. "Ich wollte meinen Hund erziehen", berichtet Frau Wolf. "Der soll bellen, wenn er etwas zu fressen haben will. Ich habe es ihm sicher tausend, wenn nicht sogar eine Million Mal vorgemacht." Die Nachbarin fragt nach: "Und? Bellt Ihr Hund denn jetzt, wenn er etwas fressen will?" Verzweifelt antwortet Frau Wolf: "Nein! Aber er frisst jetzt nur noch, wenn ich belle!"

Zwei Kollegen in der Kantine. Sagt der eine: “Der neue Kollege, der ist wirklich intelligent! Der schafft so viel weg wie drei andere Mitarbeiter.” Der andere Kollege schüttelt den Kopf. “Das nennst du intelligent? Also ich würde das eher richtig doof nennen.“

Bill und Ben sammeln auf dem Friedhof Kastanien. “Jetzt teilen wir die Kastanien gerecht auf: Eine für dich, eine für mich, eine für dich ...“ Da kommt ein alter Mann den Weg entlang. Er kann die beiden Kinder nicht sehen, weil sie versteckt hinter einem großen Strauch auf der Erde hocken. Was er aber hört, versetzt ihn in Angst und Schrecken “Eine für dich, eine für mich!” Er rennt zur Kirche und findet den jungen Priester. “Herr Pfarrer, Herr Pfarrer”, ruft der alte Mann panisch. “Der liebe Gott und der Teufel teilen sich auf dem Friedhof die Seelen auf.” Der Pastor folgt dem alten Mann, und auch er bekommt es mit der Angst zu tun, denn hinter dem Strauch flüstert es wieder: “Eine für dich, eine für mich.” Der alte Mann und der Pfarrer schauen sich ängstlich an. Vor lauter Schreck merken sie nicht, wie zwei weitere Kastanien vom Baum fallen und direkt neben ihnen auf den Boden plumpsen. Ben aber hat die fallenden Kastanien gesehen. “Los, pack deine schon einmal ein. Wenn wir die beiden vor dem Zaun noch holen, dann haben wir jeder achtundvierzig!”

Familie Wahnsinn fährt mit dem Zug in den Urlaub. Dem Sohn wird die lange Fahrt langweilig. Darum geht er im Zug spazieren. Auf dem Rückweg merkt er, dass er keine Ahnung hat, wo der Rest der Familie überhaupt sitzt. “Erinnerst du dich denn an gar nichts mehr?”, fragt der Schaffner, der den Sohn ratlos im Gang stehen sieht. Der Sohn strahlt ihn an. “Doch, jetzt, wo Sie es sagen. Vor dem Fenster graste eine riesige Kuhherde.”

Sportwitze

Ganz bestimmt bist du auch in irgendeinem Sportverein. Vielleicht spielst du Fußball oder Basketball. Vielleicht machst du Leichtathletik oder gehst zum Ballett. Ganz sicher hast du auch schon komische Situationen beobachtet oder witzige Sprüche in der Turnhalle oder auf dem Fußballplatz gehört. Hier kannst du ein paar sportliche Witze lernen, die du deinen Sportkameraden demnächst in der Umkleidekabine erzählen kannst.

Hier unsere Auswahl:

Der Trainer will einen Spieler einwechseln. "Hast du jetzt endlich deine Fußballschuhe angezogen?" Der dann so: "Fast, Trainer. Einer fehlt noch!"

„Meine Frau joggt gerade um den See. Sie sagt, wenn sie in einer halben Stunde wieder zurück ist, ist die Wohnung aufgeräumt! Ich bin echt gespannt, wie sie das anstellen wird."

Wenn Schwimmen so gut für die Figur ist, wie erklärst du dir dann die Wale?

"Warum guckst du so traurig?", fragt der eine Schotte den anderen nach dem Fußballspiel in der Kneipe. "Ach! Mein Fußballverein wurde gestern, nach 30 Jahren, aufgelöst." – "Warum denn das?" – "Der Ball ist kaputt!"

Der Fußballstar wird interviewt. Fragt der Mann vom Fernsehen ihn: "Wissen Sie eigentlich, dass Sie im Monat mehr Geld verdienen als unser Bundespräsident?" Empört sich der Fußballstar: "Zu Recht! Ich habe den Fußballpräsidenten schon einmal spielen sehen!"

Peter Treffer ärgert sich über den Schiedsrichter beim Fußballspiel. "Sagen Sie mal!", raunzt er ihn an. "Was würden Sie tun, wenn ich Sie als blindes Huhn bezeichnen würde?" Der Schiedsrichter bleibt ganz gelassen: "Dann würde ich die Rote Karte ziehen!" Peter Treffer hakt nach: "Und wenn ich es nur denken würde?" Der Schiedsrichter: "Sie können denken, was sie wollen. Dagegen kann ich nichts machen." Peter dreht sich um und murmelt: "Dann ist das Gespräch beendet."

Frau Baller beschwert sich bei ihrem Mann: "Also ehrlich, Ernst! Du rennst zu jedem Fußballspiel und schaust alle Sportsendungen in der Glotze. Du kennst die Tabellen von der ersten bis zur dritten Liga auswendig. Aber unseren Hochzeitstag, den kennst du nicht, was?" Ernst Baller überlegt kurz: "Doch. Klar weiß ich, wann wir Hochzeitstag haben. Das war, als Bayer 2:3 gegen Dortmund verloren hatte. Und zwar am dritten Spieltag im Jahr 1999."

„Na, was hat Papi nach dem Volkslauf gesagt?“ „Willst du es mit oder ohne seine Kraftausdrücke hören?“ – „Ohne.“ – „Dann hat er gar nichts gesagt.“

„Warum sitzt du auf dem Hometrainer?“ – „Ich trainiere.“ – „Ohne zu treten?“ – „Ich fahre einen Berg hinunter.“

Das Ehepaar sitzt vor dem Fernseher und schaut das Endspiel der WM. Die Frau hat keine Ahnung vom Fußball. “Sag mal. Warum rennen die Spieler denn alle dem Ball hinterher?” “Na, ist doch klar. Wer die meisten Tore schießt, wird Weltmeister!” Die Frau nickt nachdenklich. “Und die anderen?” Ihr Mann genervt: “Na die anderen werden eben nicht Weltmeister!” Nach einer kurzen Pause: “Und warum rennen die dann auch so?”

Nach dem Training: “Max, ich muss mal mit dir sprechen. Also: Dein Schuss hat echt einen guten Wumms.” Max strahlt und nickt. “Und deine Trefferquote ist phänomenal.” Max grinst von einem Ohr zum anderen. “Nur das mit der Richtung, das stimmt noch nicht so richtig!”

Die Jungs sitzen deprimiert nach dem verlorenen Spiel in der Umkleidekabine. Ben ist sauer auf den Schiedsrichter. “Dem trete ich gleich noch in den Hintern!” Sagt sein Teamkollege Sven: “Lass mal. Du triffst heute sowieso nicht mehr!”

“Die Schmerzen in Ihrem linken Bein sind leider altersbedingt”, erklärt der Arzt Oles Opa. Der Opa schaut den Arzt erstaunt an und erwidert: “Das ist aber komisch! Mein rechtes Bein ist doch genauso alt und tut trotzdem nicht weh?”

Was haben Marienkäfer und Bundesliga-Vereine gemeinsam? Sie habe Punkte. Und was unterscheidet den Tabellenletzten vom Marienkäfer? Der Marienkäfer hat mehr Punkte.

Treffen sich zwei Fußballstars der ersten Liga beim Training. Sagt der eine: “So ein Mist. Gestern ist meine Bibliothek komplett ausgebrannt.” – “Oh nein, wie schrecklich!” Mitfühlend legt der andere Star seinen Arm um die Schulter seines Kumpels. “Ich sag’s dir! Ich hatte das dritte Buch noch gar nicht fertig ausgemalt!”

Zwei Jogger laufen durch den Wald. Sagt der eine: “Hey! Du hast eben eine Schnecke zertreten, pass gefälligst auf in der Natur.” Worauf der andere keuchend erwidert: “Tschuldigung. Ich konnte nichts machen, die kam von hinten …”

Mama begleitet Papa ausnahmsweise einmal ins Fußballstadion. Am Ende der ersten Halbzeit rutscht sie von einer Pobacke auf die andere und zappelt rum. “Jetzt sitz doch endlich einmal still!”, raunzt Papa sie an. “Geht nicht. Mein Hintern ist eingeschlafen.” Papa seufzt und antwortet. “Ich weiß. Ich hab ihn schon zweimal schnarchen gehört.”

Der Sportlehrer trainiert mit der Klasse Langlauf. “Hat einer von euch schon einmal bei einem Marathon mitgemacht?” Klara, die gerade als Letzte durchs Ziel läuft: “Meinen Sie auf Netflix?”

Warum soll der Stadionrasen des Bundesliga-Absteigers einbetoniert werden? Damit das Niveau nicht noch weiter sinken kann.

Der Verein spielt schon die ganze Saison grottenschlecht. Drei Fans des Fußballvereins verlassen frustriert das Stadion. Sagt der erste Fan: “Der Manager ist schuld. Der soll mal bessere Spieler einkaufen!” Der zweite Fan schüttelt den Kopf. “Nein, nein. Schuld sind allein die Spieler. Die strengen sich doch gar nicht richtig an – kassieren aber jeden Monat ein Vermögen.” Der dritte Fan seufzt: “Meine blöden Eltern sind schuld!” Erstaunt schauen sich die beiden anderen an. “Wieso das denn?” – “Na, wenn ich in einer anderen Stadt groß geworden wäre, dann wäre ich jetzt auf jeden Fall Fan einer besseren Mannschaft.”

Zwei Jogger laufen bei Wind und Regen. Sagt der eine: “Stell dir vor, meine Frau hat mich doch tatsächlich gefragt, ob ich ihr im Garten helfen könnte?“ Sagt der andere: “Ist nicht dein Ernst! Das bei dem Sauwetter?!”

Stolz kommt Jan mit dem Vater vom Sportwettkampf zurück. “Guck mal, Mama. Ich habe den ersten Preis bekommen!” Der Vater schüttelt den Kopf: “Aber Junge, das stimmt doch gar nicht. Du hast den dritten Preis bekommen." Jan: "Aber ich hatte doch vorher noch keinen."

Sagt der Trainer nach dem Spiel zum Schiedsrichter: "Das war ja eine spannende Partie heute. Zu schade, dass Sie die nicht gesehen haben."

Der Pfarrer will einen Gottesdienst abhalten, doch außer dem Messdiener ist keiner in der Kirche. Auch der Organist ist nicht erschienen. Der Pfarrer fragt seinen Messdiener: "Sag mal, spielt denn heute keiner?" Der Messdiener zuckt die Schultern: "Doch, Deutschland spielt gegen England."

"Kommst du joggen?" – "Tut mir leid, ich kann nicht. Mein Einhorn ist krank." – "Willst du mich verarschen?" – "Wer hat denn damit angefangen?!"

Gemischtes

Zu guter Letzt findet ihr hier noch eine bunte Mischung von Witzen aus allen möglichen Lebensbereichen. Denn lustige Dinge und witzige Sachen können einem jederzeit und überall begegnen. Also viel Spaß mit unserem letzten Thema: Gemischtes!

Und hier unsere kleine, aber feine Auswahl:

Ein Mann besucht seine kranke Mutter in einer geschlossenen Abteilung. Zufällig trifft er auf den Direktor. Neugierig fragt der Mann: „Sagen Sie mal! Wonach entscheiden Sie eigentlich, ob jemand hier eingesperrt werden muss oder nicht!“ Der Direktor sagt: “Das ist ganz einfach. Wir füllen eine Badewanne mit Wasser. Der Kandidat bekommt einen Teelöffel und einen Eimer. Dann soll er die Badewanne leeren!” Der Besucher ist begeistert. “Natürlich! Ich verstehe. Ein normaler Mensch würde natürlich den Eimer benutzen. Damit geht‘s ja viel schneller!” Der Arzt geht zum Schrank, öffnet diesen und nimmt ein weißes Klinikhemd heraus. Bedauernd schüttelt er den Kopf. “Nein, ein psychisch gesunder Mensch zieht einfach den Stöpsel!”

Im Vorzimmer der Künstleragentur sitzt ein kleiner zierlicher Mann mit Hakennase und einem kleinen kunstvoll gezwirbelten Schnäuzer. Er wartet geduldig auf seinen Vorstellungstermin bei dem Künstler-Agenten. Endlich ist er an der Reihe. Gelangweilt blickt der Agent ihm entgegen. “Was kann ich für Sie tun?” Der kleine Mann setzt sich auf den Besucherstuhl. “Ich möchte, dass Sie mir ein Engagement vermitteln." – "Können Sie denn irgendetwas Außergewöhnliches?", fragt der Agent interessiert. "Ich kann hervorragend Vögel imitieren." Der kleine Mann schaut den Agenten erwartungsvoll an. Entnervt rollt der Agent mit den Augen. "Nicht noch so einer. Glauben Sie denn wirklich, nur weil sie Piep, piep, piep machen können, sind Sie ein Künstler? So eine kindische Nummer lockt doch niemanden hinterm Ofen hervor. Kein Mensch will einen Vogel-Imitator sehen. Nicht auf der Bühne und schon gar nicht im Fernsehen." Der kleine Mann steht auf, geht zum geöffneten Fenster und fliegt fort.

Tom zu Tim: "Wann wollen wir uns treffen?"

Tim zu Tom: "Ist mir egal."

Tom zu Tim: "Wo wollen wir uns treffen?"

Tim zu Tom: "Wo du willst."

Tom zu Tim: "Und um wie viel Uhr sollen wir uns treffen."

Tim zu Tom: "Wann du möchtest."

Tom zu Tim: "Okay, alles klar! Bis dann!"

Tim zu Tom: "Das traust du dich nie!"

Tom zu Tim: "Doch, ich trau mich!"

Tim zu Tom: "Aber niemals alleine."

Tom zu Tim: "Doch, ich trau mich auch alleine."

Tim zu Tom: "Niemals, du Feigling."

Tom zu Tim: "Komm doch mit, dann beweise ich es dir, dass ich mich allein traue."

Tim zu Tom: "Ist mir egal."

Tom zu Tim: "Wo wollen wir uns treffen?"

Tim zu Tom: "Wo du willst."

Tom zu Tim: "Und um wie viel Uhr sollen wir uns treffen?"

Tim zu Tom: "Wann du möchtest."

Tom zu Tim: "Okay, alles klar! Bis dann!"

Rudi Raser schmeißt seinen Koffer auf den Rücksitz des Taxis und springt dann auf den Beifahrersitz. "Los, los! Jetzt aber dalli. Schlafen Sie mal nicht ein! Ich muss zum Bahnhof. Mein Zug wartet nicht!" Verdutzt erwidert der Taxifahrer: "Aber wir sind doch am Bahnhof." Er deutet auf den Haupteingang. Rudi Raser zückt sein Portemonnaie, zieht einen 50-Euro-Schein heraus und streckt die Banknote dem Fahrer entgegen. "Na also, geht doch! Warum muss man eigentlich immer erst laut werden?"

Der Zirkusdirektor steht in der Manege. Er hat seine gesamte Artistengruppe zusammengerufen. "Alle mal herhören!" Schweigen senkt sich über die Manege. "Ich muss euch leider sagen, dass unser Bob, der motorradfahrende Bär, ausgebüxt ist. Er war der Star des Zirkusses. Er war unsere größte Attraktion!" Cleo, der Clown, klatscht in die Hände. "Ach, den werden wir doch bald eingefangen haben. Weit kann er ja nicht sein." Der Direktor schüttelt den Kopf. "Bob hat das Motorrad mitgenommen."

Ein Opa überquert auf wackeligen Beinen die Straße und wird prompt von einem Auto angefahren. Es ist nichts Schlimmes passiert und der Opa steht nach wie vor auf den Beinen. Der Autofahrer kurbelt das Fenster runter und ruft: "Na, da haben Sie ja noch mal Glück gehabt, Opa!" Der Opa ist wütend. "Wieso denn Glück, Sie unverschämter Verkehrsrowdy!" Der Autofahrer grinst. "Heute ist mein freier Tag. Normalerweise fahre ich um diese Zeit ein Walzenfahrzeug für Asphaltarbeiten."

Wie üblich hält der Busfahrer an der Haltestelle. Er beobachtet den Mann, der einsteigt. Der Fremde trägt einen breiten Hut – fast ein Sombrero – auf dem Kopf. Um die Schulter hat er einen Umhang geschwungen. Der Mann geht an dem Busfahrer vorbei. "Django zahlt heute nicht!", hört der Busfahrer den Mann murmeln. Ängstlich lässt er den Mann nach hinten durch! Auch am nächsten Tag steht Django wieder an der Haltestelle. Und wieder murmelt er die Worte "Django zahlt heute nicht!" So geht es eine Woche. So geht es zwei Wochen. In der dritten Woche fasst sich der Busfahrer ein Herz und nimmt seinen ganzen Mut zusammen. Schließlich ist 'schwarz fahren' nicht die feine Art und sogar strafbar. Außerdem ist er, als Busfahrer, doch so etwas wie der Chef im Bus. Als Django einsteigt, sagt Django wieder: „Django zahlt heute nicht." – "Und warum zahlt Django heute nicht?" Grimmig schaut der Busfahrer den Mann an. "Django hat 'ne Wochenkarte!"

Die Passagierin auf einem Kreuzfahrtschiff steht mit dem Kapitän an der Reling. "Ach, das ist ja so herrlich." Sie deutet auf eine Insel. "Der Mann dort in seinen Lumpen. Er sieht so glücklich aus." Der Kapitän nickt. "Sie haben recht! Offenbar sind hier an diesem paradiesischen Stück Erde alle Menschen glücklich und zufrieden." Er deutet auf den Lumpenmann am Strand. "Alle zwei Wochen kommen wir hier vorbei und jedes Mal winkt uns der Mann da drüben fröhlich zu und hüpft aufgeregt auf und ab. Stellen Sie sich vor. Alle vier Wochen kommen wir nachts hier vorbei und jedes Mal entzündet der Mann ein riesiges Feuer!"

Tim und Tom laufen an einer Wiese mit Schafen vorbei. Der Schäfer steht am Rand der Herde und starrt vor sich hin. Fragt Tim den Schäfer: "Wie viele Schafe haben Sie ungefähr!" Sagt der Schäfer: "Genau 5378 Tiere." Tim und Tom sehen sich erstaunt an. "Wow, woher wissen Sie das denn so genau?" Sagt der Schäfer: "Ach, ganz einfach. Ich zähle die Beine und dann teile ich durch vier."

"Hast du schon gehört, dass die Hilde nicht mehr in der Gemüseabteilung arbeitet?" "Was? Aber die ist doch so ordentlich und korrekt!" – "Ja schon, aber sie hat immer alle krummen Bananen weggeschmissen."

Bernd sitzt am Teich und angelt. Da kommt ein Polizist vorbei. "Hey, Junge! Angeln ist hier verboten. Das kostet 10,00 Euro Strafe!" Bernd ganz clever: "Aber Herr Polizist. Ich angele doch gar nicht. Ich bade nur meine Würmer." – "Mhm! Tja. Das macht dann 20,00 Euro." Verdutzt blickt Bernd den Polizisten an. "Das Baden ist hier strengstens verboten."

Peter kommt zur Pizzeria. "Eine Pizza Salami zum Mitnehmen, bitte." Nach 10 Minuten ist die Pizza fertig gebacken. Bevor der Pizzabäcker sie in den Karton packt, fragt er: "Möchtest du die Pizza in vier Stück und lieber in acht Stücke geschnitten haben?"

Peter überlegt kurz und antwortet: “Lieber in vier Stücke. Ich glaube, acht Stücke schaffe ich nicht.”

Frau Müller wird von der Polizei angehalten. Nach Überprüfung des Fahrzeugs sagt der Polizist: “Ihre Bremsen sind nicht in Ordnung. Das kostet 20,00 Euro.” Frau Müller strahlt: “Ach, das ist ja wirklich günstig, junger Mann. In der Werkstatt wollten sie 250,00 Euro haben.”

Der Briefträger kommt keuchend oben im Leuchtturm an. “Nur wegen deiner doofen Postkarte musste ich die 111 Stufen hier hochsteigen.” – “Hör auf zu meckern”, sagt der Leuchtturmwärter. “Sonst abonniere ich die Tageszeitung.”

Sagt der Bauer zu seinem Nachbarn: “Hein! Du solltest deinen Hahn schlachten! Der sieht immer so traurig aus.” Hein: “Meinst du wirklich, dass er dann fröhlicher wird?”

Der Kameramann vom Fernsehsender soll für eine Dokumentation Nahaufnahmen von den Affen im Zoo drehen. Besorgt schaut er den Tierpfleger an. “Sie brauchen keine Angst haben”, beruhigt der ihn. “Ich habe die drei da drin selbst mit der Flasche aufgezogen.” Erwidert der Kameramann: ”Das hat meine Mutter mit mir auch gemacht. Und trotzdem sind Schnitzel jetzt mein Lieblingsessen.”

HA
HA
HA

Heiter bis lustig! Witzige Kurzgeschichten

Urlaub auf dem Bauernhof

Ferien auf dem Bauernhof. Schon auf der Fahrt ist Ben genervt. Er wollte mit seinem besten Kumpel mitfahren. Edwin fliegt mit seinen Eltern nach Spanien und die haben ihn eingeladen mitzukommen. Ben schüttelt den Kopf. Wie kann ein blöder Bauernhof mit Spanien mithalten? “Kinder! Wir sind gleich da!” Begeistert dreht sich Bens Mama um. “Freut ihr euch?” Ben schüttelt bockig den Kopf. Seine kleine Schwester Lotta klatscht in die Hände. “Kann ich die Tiere streicheln, Mama?” Ben verdreht entnervt die Augen. “Ich leg mich erst mal eine Stunde aufs Ohr,” meldet sich Bens Vater zu Wort. “Ich bin so schlapp.” Besorgt dreht sich Mama wieder nach vorne. “Du wirst doch wohl hoffentlich nicht krank, Bernd? Ausgerechnet jetzt in den Ferien?” Kurze Zeit später springen die Kinder aus dem Auto. Bens Vater schleppt mit Schweiß auf der Stirn die Koffer in die kleine Ferienwohnung. “Ich mache es uns erst einmal gemütlich!”, ruft Bens Mutter enthusiastisch und verschwindet im Haus. Im ersten Stock öffnet sich ein Fenster. “Kinder! Schaut euch doch ein bisschen um. Aber seid vorsichtig.” Das Gesicht der Mutter verzieht sich. “Was stinkt denn hier nur so?” Grinsend zeigt Ben auf den Misthaufen unter dem Fenster. “Bäh! Das ist ja widerlich!” Bens Mutter zieht die Fenster wieder zu. “Ben! Sieh nur! Ponys auf der Weide!” Lotta läuft vor, zupft ein wenig Gras und hält es dem Pony durch den Zaun vors Maul. Plötzlich ertönt ein gellender Schrei. Erschrocken eilt Ben zu seiner Schwester. “Was ist denn los?” – “Der Zaun!” Lotta wimmert leise. “Das ist ein elektrischer Zaun, du dumme Nuss. Du hast einen Stromschlag bekommen.” Lotta zittert am ganzen Körper. “Ich will ins Haus!”, schluchzt sie und läuft davon. “Kinder!”, denkt Ben amüsiert. Er schlendert weiter über den Hof und öffnet die Stalltür. In einem Pferch auf der einen Seite liegt ein riesiges Schwein und ruht sich aus! “Das ist Lisa, unsere Sau! Hat nix als fressen im Sinn.” Ben sieht zu, wie der Sohn vom Bauern eine Schippe Futter in den Trog schmeißt. Die dicke Lisa rappelt sich auf und mampft vergnügt vor sich hin. “Ich muss weiter!” Der Junge verlässt den Stall. In Nullkommanichts hat das Schwein den Trog geleert. “Na, Lisa! Hast wohl noch Hunger?” Ben greift nach der Schaufel und füllt den Trog auf. Ganze vier Mal wiederholt er die Prozedur. Endlich scheint das Schwein satt und streckt alle viere von sich. Ben zuckt mit den Schultern, geht raus auf den Hof und schaut sich um. Er öffnet das Gatter am anderen Ende des Hofes und läuft über die Wiese. Plötzlich hört er hinter sich Tumult und Geschrei! “Halt sie auf!” Ben schaut zurück und sieht eine Kuh auf das offene Tor zulaufen. “OH Scheibenkleister!” Ben rennt zurück. Er versucht, vor der Kuh am Gatter zu sein, aber die Kuh ist verdammt schnell. Schon ist sie durch das Tor auf den Hof gelaufen. “Schnapp dir einen Stock und treibe sie zurück!” Aufgeregt wedelt der Bauernjunge mit den Armen. Gemeinsam versuchen sie, die Kuh einzufangen. Endlich haben sie es geschafft. Erleichtert lehnt sich Ben an den Zaun, als ein furchtbares Geräusch aus dem Stall ertönt. “Was ist denn da los!” Der Knecht sprintet zum Stall. Ben folgt ihm aufgeregt. Die dicke Sau steht auf wackeligen Beinen in ihrem Pferch und kotzt sich die Seele aus dem Leib. “Was zum Teufel ...” – “Äh! Ich hab Lisa noch einen Nachschlag gegeben”, stottert Ben. “Bist wohl aus der Stadt, was? Na, ich bring dir noch bei, wie das hier bei uns läuft." Die beiden grinsen sich an und Ben läuft ins Haus. "Wo ist Mama?" – "In die hintere Wohnung gezogen", krächzt Bens kranker Vater. "Hier stinkt es ihr zu sehr!" Ben lacht und setzt sich zu Lotta an den Tisch. "Alles wieder gut?" Lotta nickt und schiebt ihm eine Postkarte zu. Grübelnd kaut Ben am Stift. Er fängt an zu schreiben. Seine Mutter kommt zur Tür herein und schaut ihm über die Schulter. Plötzlich fängt sie an zu lachen. "Lieber Edgar. Papa ist krank. Das Schwein hat gekotzt. Mama ist wegen dem Mist ausgezogen. Lotta stand voll unter Strom. Die blöde Kuh ist abgehauen." Laut liest sie die Karte vor. Alle schauen sich verdutzt an. Und dann ist das Gelächter groß. "Vielleicht wirds ja doch ganz schön in den Ferien auf dem Bauernhof", denkt Ben und wischt sich die Lachtränen aus den Augen.

Dumm gelaufen.

"Was ist denn los mit dir, Ole? Du bist ja heute ganz zappelig." Oles Mutter schüttelt den Kopf und räumt den Frühstückstisch ab. "Wieso? Ist doch gar nichts." Ole blickt zu Boden, damit seine Mutter nicht sieht, dass er rot wird. „Das mit dem Lügen, das muss ich wohl noch ein wenig üben", denkt er. Er schnappt sich seinen Tornister und öffnet die Haustür. „Tschüss Mama! Ich geh dann mal." – "HALT!" Erschrocken dreht sich Ole noch einmal um. "Dein Pausenbrot ..." Ole ist froh, als er endlich außer Sichtweite ist. Statt in die Ottostraße Richtung Schule zu laufen, bleibt Ole auf der Hauptstraße. Kurz zögert er noch, doch dann beschleunigt sich sein Schritt. "Ich mach jetzt keinen Rückzieher. Marten und Dominik warten bestimmt schon auf mich." Marten und Dominik sind Oles Freunde aus dem Fußballverein. Alle drei gehen in die 7. Klasse. Aber alle sind auf unterschiedlichen Schulen. Sie sehen sich nur beim Training. Die Nachmittage sind vollgestopft mit Hausaufgaben und anderen Verpflichtungen. Ole spielt neben Fußball auch noch Tennis. Der musikalische Marten geht dreimal in der Woche zum Saxofon-Unterricht und Dominik muss jeden zweiten Nachmittag zur Nachhilfe. Ob er die Versetzung schaffen wird, bleibt trotzdem spannend. „Wahrscheinlich nicht", denkt Ole. „Zumindest nicht, wenn wir das hier öfter durchziehen." Aus dem dummen Gelaber auf dem Fußballplatz war plötzlich eine Mutprobe geworden. „Werden die Freunde wirklich den Mumm haben, einfach mal die Schule zu schwänzen?" 20 Minuten später blicken Ole und Marten gespannt auf die Eingangstür von McDonald's. Ole rührt nervös mit dem Strohhalm in seiner Cola rum. Marten beißt genussvoll in seinen Bagel. "Da ist er!" Jubelnd begrüßen die Freunde den dritten Schwänzer. "Hey, was geht!", grinst Dominik. Die Jungs geben sich High Five, genießen das Frühstück und die gestohlene Freiheit. Dann aber zieht sich der Vormittag wie Kaugummi. Ein Bummel durch die Stadt ist tabu. Dominiks Mutter arbeitet im Zentrum. "Wenn die mich sieht, dann gibts ein Riesen-Donnerwetter zu Hause mit Hausarrest und Handyverbot!" – "Sportplatz?" Ole sieht die beiden anderen fragend an. "Ohne Ball?" Marten schüttelt den Kopf. "Vielleicht Schwimmbad?" – "Ohne Badehose?" Die drei grinsen sich an. Ratlos schleichen sie weiter durch die Seitenstraßen der Stadt. "Blaumachen hab ich mir irgendwie lustiger vorgestellt. Das nächste Mal brauchen wir einen Plan!" Die Jungs nicken sich zu. "Mir ist kalt. Sollen wir noch irgendwo was trinken?" – "Keine Kohle mehr!" – "Mist!" Marten zieht sein Handy aus der Tasche. "Oh Shit! Wir müssen nach Hause! Wenn wir zu spät kommen, fliegen wir auf!" Ole läuft los. Je näher er seinem Zuhause kommt, desto langsamer werden seine Schritte – desto größer wird sein schlechtes Gewissen. Seine große Schwester ist sicher bereits da. Sie ist drei Klassen über ihm auf der gleichen Schule. Vor der Tür atmet Ole einmal tief ein. Jetzt ganz normal verhalten! "Bin wieder da!", ruft Ole wie an jedem normalen Schultag. "Schön! Komm schnell. Das Essen steht schon auf dem Tisch!" Mit rotem Kopf nimmt Ole Platz und starrt auf seinen Teller. "Und wie wars in der Schule?" Die Mutter schaut ihn fragend an. "Wie immer!", nuschelt Ole. "Oh – ist denn gar nichts Besonderes passiert?" Ole schüttelt den Kopf. "Nö! Warum? Ist doch jeden Tag das Gleiche." –"Ach nur so!" Oles Mutter spießt eine Kartoffel auf die Gabel. "Ich dachte nur … Stell dir vor. Bei deiner Schwester in der Schule gab´s heute einen Feueralarm. Alle Schüler wurden nach Hause geschickt." Ole wird knallrot, schluckt und flüstert: "Dumm gelaufen, was?"

Abenteuersuche (Fantasy)

Silvana lebte in einem idyllischen Ort mitten in den Bergen. Sie war ein wildes Mädchen und stets auf der Suche nach einem Abenteuer. Eines Tages saß sie nachdenklich unter dem großen Kletterbaum im Garten ihrer Großeltern. Traurig blickte sie sich um. Da kam der Großvater und setzte sich neben seine Enkelin. "Na Silvana. Was ist denn los mit dir?" – "Ach Opa!", seufzte Silvana. Mir ist so langweilig. Ich glaube, ich habe schon jedes Abenteuer erlebt, das ich hier bei uns in den Bergen erleben kann." – "Mhm!", machte der Großvater. "Mal sehen. Bist du schon auf den höchsten Berg geklettert?" – "Ja klar. Da war ich gerade mal 6 Jahre alt!" Opa runzelte die Stirn. "Was ist mit dem höchsten Baum?" – "Bis ganz nach oben in den Tannenwipfel habe ich es geschafft, da war ich gerade 7 Jahre." – "Und bist du auch schon die Todeskurve im Winter mit Skiern herunter gefahren?" – "Na klar!" – "Und wie stehts mit unserem Bergsee? Hast du den See schon einmal bei brüchigem Eis überquert." – "Langweilig!", murmelte Silvana. Nachdenklich sah der Opa sich um. "Was ist mit dem Wald? Hast du schon einmal eine Nacht im Wald verbracht?" – "Und ob, das hätte ich mir echt spannender vorgestellt." Der Großvater nickte. "Was ist mit dem Meer? Warst du schon einmal im Meer schwimmen?" Silvana schaute den Opa mit großen Augen an. "Nein! Wo finde ich denn das Meer?" – "Das kann ich dir nicht sagen. Lauf einfach los und suche es. Und wenn du zurück bist, erzähl mir, wie es war!" Begeistert machte sich Silvana am nächsten Tag auf den Weg. Auf ihrer Reise kam sie durch Dörfer und Städte. In der großen Stadt wäre ihr in der überfüllten, stickigen und lauten U-Bahn fast ihr Rucksack geklaut worden, aber Silvana hatte sich mutig verteidigt und die Diebe in die Flucht geschlagen. In einem einsamen Tal stand sie plötzlich einem knurrenden Wolf gegenüber. Silvana war aber nicht davongelaufen, sondern hatte so lange zurückgeknurrt, bis der Wolf den Schwanz einzog und sich davon machte. Um schneller an das Meer zu gelangen, hatte sie sich ein Floß gebaut und sich einen Wasserfall hinunter gestürzt. Schon fast am Ziel war sie schließlich in eine Wanderdüne geraten und fast im Sand versunken. Nach Tagen unterwegs stand sie endlich am Strand und staunte über das weite Meer und die hohen Wellen. Sie stürzte sich ins Wasser und tauchte in die Wellen und tauchte wieder auf und blickte direkt in das riesige, aufgerissene Maul eines Walfisches. Die Strömung war zu groß. Silvana konnte nichts mehr tun. Der Wal verschluckte sie, ohne einmal zu kauen. Silvana versuchte, die Speiseröhre des Wals hinaufzuklettern. Wie gut, dass sie ihre Kletterausrüstung aus den Bergen dabei hatte. Sie schlug die Steigeisen in das Innere des Halses. Plötzlich hörte sie ein donnerndes Geräusch. Das Maul des Wales öffnete sich und eine stinkende Luftwelle schleuderte Silvana aus dem Maul hinaus. Hatte der Wal etwa gerülpst und sie mit diesem Rülpser zurück an den Strand geschleudert? Silvana klopfte sich den Sand aus den Sachen und schaute auf das Meer. Eine ganze Wal-Bande tummelte sich dicht am Ufer. Hier konnte sie nicht ins Wasser. Dabei hatte sie noch nicht einen einzigen Schwimmzug getan. Silvana seufzte, drehte sich um und ging zurück Richtung Heimat. Als sie zu Hause ankam, wartete der Großvater schon auf sie. "Silvana! Wie war es denn? War das Schwimmen im Meer ein Abenteuer?" Silvana erzählte ihm von den Dieben und vom Wolf. Sie berichtete, wie sie den Wasserfall bezwungen hatte und wie sie fast im Sand der Wanderdüne versunken war. Gespannt hörte der Opa zu und hielt den Atem an, als Silvana schilderte, wie sie dem Wal entkommen war. Am Ende zuckte Silvana mit den Schultern. "Ich war also gar nicht im Meer schwimmen! Kein Abenteuer!" Da lachte der Opa laut auf. "Nein natürlich. Du hast ja wirklich gar kein Abenteuer erlebt!" Erstaunt sah Silvana ihren Großvater an, bis sie begriff und in sein Lachen einstimmte.

Ein albtraumhaftes Abenteuer

Es sind herrliche drei Wochen an der Nordsee. Die Familie genießt jeden Tag der Ferien in vollen Zügen. Drei Wochen und kein einziger Regentag. Die Sonne brennt heiß auf den weißen Strand und das Meer ist mollig warm wie das Wasser einer Badewanne. Die 10-jährigen Zwillinge Pit und Emil stromern den ganzen Tag frei wie die Vögel herum und pendeln zwischen Campingplatz, Minigolfplatz und Strand hin und her. Auch die 6-jährige Schwester Amalia genießt ihre neue Freiheit rund um das Campingmobil. Aber heute heißt es: "Goodbye Holland! Tschüss, Strand! Adios, liebes Meer!" Denn heute geht's zurück nach Hause. Die Ferien sind zu Ende. Mama, Pit und Emil stehen bereits an der kleinen Bushaltestelle und warten auf den Bus, der sie zum Bahnhof in Alkmaar bringen wird. Von Alkmaar dann nach Amsterdam, um dort umzusteigen in den direkten Zug nach Köln. Die Familie ist ein bisschen nervös, denn der Vater ist schon vor einer Woche nach Hause gefahren, weil er wieder ins Büro muss. "Ach, kein Problem! Nimm du das Auto", hatte Mama zu Papa gesagt. "Die Zugverbindung ist doch super", hatte Mama zu Papa gesagt. "Das wird ein richtiges, kleines Abenteuer für die Kids und mich", hatte Mama zu Papa gesagt. So richtig begeistert schaut Mama aber nicht drein. Sie wirft nervöse Blicke auf ihr Smartphone und schaut immer wieder auf den Busfahrplan. Emil und Pit schauen sich an und verdrehen die Augen. "Da kommt der Bus!", ruft Amalia aufgeregt. "Rucksäcke auf!", kommandiert die Mutter und greift nach Amalias Hand. Der Bus hält. Die Familie steigt ein. Der Bus fährt los. Der Bus fährt schnell. Sehr schnell! Scharf nimmt der Fahrer die kurvige Straße. Der Bus wankt und schwankt. Gott sei Dank dauert die Fahrt nach Alkmaar nur eine halbe Stunde. Mit quietschenden Reifen hält der Bus am Bahnhof. Keine Sekunde zu früh. Amalia ist blass, steigt aus und kotzt auf den Busbahnsteig. "Was für ein Abenteuer!", rufen Pit und Emil. "Was für ein Albtraum!", nuschelt die Mutter und zieht das Mädchen mit. "Keine Zeit, Amalia!", ruft sie hektisch. "Wir müssen den Zug erwischen!" Die Familie läuft über den Busbahnhof zum Hauptbahnhof. In letzter Sekunde springen sie in den Zug nach Amsterdam. "Mir ist schlecht, Mama!", quengelt die Kleine. Den Rest der Fahrt verbringen Mutter und Tochter auf der Toilette. Die Zwillinge davor! "Was für ein Abenteuer!", flüstern die Zwillinge auf dem Gang sich ins Ohr und hören aus der kleinen Toilettenkabine: "Was für ein Albtraum!" Amsterdam! Der Bahnhof ist riesig und die Mutter schaut hektisch zu den Anzeigetafeln. "Gleis 5!", ruft sie. "Mama!" Emil ist sicher: Gleis 5 ist falsch. "Mama! Wir müssen aber zu Gleis 6!" Mama fischt die Reiseunterlagen aus der Tasche. "Nein, Emil. Hier stehts doch. Gleis 5! Los kommt!" Wieder sprintet die Familie los. Am Zug angekommen stellt die Mutter die Tasche auf den Bahnsteig und hebt die Tochter in den Zug. Erleichtert sitzt die Familie einige Minuten später im Abteil. "Puh!", seufzt die Mutter. "Geschafft! Jetzt können wir uns entspannen." Zufrieden blickt sie sich um. "Na! Das hat doch wunderbar geklappt, Kinder." Emil und Pit sehen sich an und verdrehen die Augen. Pit schaut aus dem Fenster. "Mama?" – "Ja, Pit?" "Die Tasche da. Sieht aus wie unsere!" Mama schaut raus und wird blass. "Ach du Schreck! Unsere Provianttasche!" Sie springt auf, aber die Pfeife ertönt und die Türen des Zuges schließen zischend. "Zu spät!", stellt Pit fest. Emil zieht am Ärmel von Mamas Jacke. "Was ist denn, Emil!", herrscht diese ihn an. "Mama! Warum sitzt unser Musiklehrer denn im Zug da drüben? Der will doch bestimmt auch nach Köln!" – "Der hat sich vertan, Emil! Der arme Kerl sitzt im falschen Zug!" Die Züge setzen sich in Bewegung. "Mama!" – "Was ist denn Pit!" – "Ich glaube, wir fahren in die falsche Richtung." Eine halbe Stunde später steigen sie aus. In Alkmaar. "Was für ein Abenteuer!" Pit und Emil klatschen sich ab. "Was für ein Albtraum!", nuschelt Mama.

Bühne frei für deinen Witz

Dein Witz oder deine Story können noch so lustig sein. Wird ein Witz oder eine Geschichte schlecht vorgetragen, werden die Lacher ausbleiben. Darum geben wir dir in diesem Kapitel ein paar Tipps, Informationen und Ratschläge, was du beim Erzählen deiner Witze beachten musst und wie du lernen kannst, deine eigenen Witze zu erfinden. Und eben nicht alles ist witzig. Darum gibt es auch für das Erzählen und das Erfinden von Witzen ein paar Regeln, die du unbedingt beachten solltest.

Nicht alles ist witzig

"Das war doch nur Spaß!" Hast du diesen Satz auch schon einmal sagen müssen? Wenn ja, dann hast du bestimmt einen Witz gemacht, der jemanden verletzt hat, obwohl du es vielleicht gar nicht so gemeint hast. Es ist eben so, dass nicht jeder Mensch den gleichen Humor hat. Was der eine witzig findet, ist für den anderen schon eine etwas gemeine Bemerkung. Du solltest also immer darauf achten, wem du welche Witze erzählst.

Darum gilt beim Erfinden und Erzählen eines Witzes: Achte auf dein Gegenüber. Wenn jemand stottert, dann verzichte auf den "Stotterer-Witz". Sowieso ist es am besten, miteinander zu lachen, als übereinander. Nur wenn du mit deinen besten Freunden und Kumpelinen rumblödelst, dann ist der eine oder andere lustige Seitenhieb erlaubt. Ihr kennt euch und wisst genau, wie es gemeint ist.

Es gibt ein paar heikle Themen, die du beim "Witzeln" lieber auslassen solltest. Dazu gehören Witze über Religion, Ausländer, Randgruppen und Menschen mit Behinderung. Klar! Auch Witze zu diesen Themen können sehr, sehr lustig sein. Diese Witze zählen zum sogenannten schwarzen Humor. Schwarzer Humor nimmt keine Rücksicht, teilt in alle Richtungen aus und macht sich auch und besonders über ernste Themen lustig. Für diese Witze muss man aber schon ein richtig geübter Witze-Erzähler sein. Sei also lieber vorsichtig mit deiner Themenauswahl. Besser ein Lacher mehr auf deiner Seite, als einen beleidigten oder in seinen Gefühlen verletzten Zuschauer/Zuhörer im Publikum!

Wenn du jemanden veralbern möchtest, dann wähle nicht jemanden, der oder die sowieso schon unsicher ist. Wähle lieber jemanden, der selbstbewusst daherkommt, jemanden, von dem du weißt, dass er über sich selbst lachen kann und nicht allzu empfindlich ist. Wenn du eine Vorstellung planen solltest, dann frage vorher jemanden (Familie oder gute Freunde und Freundinnen), ob du einen oder zwei Witze "auf ihre Kosten" machen darfst.

■ Wortschatzübungen

Eines ist klar! Witze und Geschichten – ob kurz oder lang – bestehen aus Worten. Je mehr Wörter du kennst und richtig einsetzen kannst, desto besser wirst du deine Witze schreiben und erzählen können. Wenn du einen Witz oder eine Geschichte selbst erfinden und wortreich, abwechslungsreich und treffend erzählen möchtest, dann muss jedes Wort gut überlegt sein. Welches Wort passt am besten! So wie ein Handwerker sein Werkzeug aus dem Handwerkskoffer holt, so holst du deine Worte aus deiner ganz eigenen Wortschatztruhe. Je besser deine Truhe gefüllt ist, desto besser kannst du schreiben. Fülle deine Truhe immer weiter auf. Sammle Wörter und Begriffe, die du in deine Wortschatzkiste legst.

Worte zu sammeln ist gar nicht so schwer. Du kannst es jeden Tag tun. Und: Es hört nie auf. Denn es gibt ungefähr 5,3 Millionen deutsche Wörter! Krass, oder?

Mit diesen Tipps sammelst du ganz einfach im Alltag neue Wörter!

Zuhören: Hör immer gut zu und hör gut hin! Andere Menschen benutzen andere Wörter als du. Vielleicht kennst du das eine oder andere Wort noch gar nicht? Dann frag ruhig nach. Vielleicht kennst du das eine oder andere Wort, aber du selbst benutzt es nicht? Leg es trotzdem in die Wortschatzkiste, denn vielleicht passt es ja zu einer deiner Geschichten.

Lesen: Du solltest so viel wie möglich lesen. Nicht nur deine Lieblingsbücher. Lies auch mal einen Artikel in der Zeitung oder einen Reiseblog im Internet. Du wirst sehen. Hier findest du nicht nur viele neue Wörter, sondern vielleicht auch Ideen für deine Geschichte.

Nachschlagen: Hast du in deinem Witz schon dreimal das Wort "*gehen*" verwendet? Dann finde für das Wort ein passendes, sogenanntes Synonym. Ein Synonym ist ein Wort, das etwa das Gleiche bedeutet. Statt gehen könntest du *schleichen, schlendern, marschieren* benutzen. Vielleicht passt das neue Wort ja sogar viel besser. (Synonyme kannst du im Internet googeln. Zum Beispiel unter: Synonyme - OpenThesaurus - Deutscher Thesaurus

Üben: Es reicht nicht, die Wörter einfach nur in die Kiste zu packen. Es ist wie beim Handwerkskoffer. Wenn der Handwerker nicht weiß, dass er einen Kreuzschraubenzieher im Koffer hat, dann kommt er auch nicht auf die Idee, diesen zu benutzen.

Am besten fängst du gleich an mit dem Üben!

Versuche es zunächst einmal, ohne nachzuschlagen. Dir fällt bestimmt was ein. Wenn du zwei "Synonyme" selbst gefunden hast, schau gerne auch im Netz nach und ergänze deine Wörter.

Zwei Beispiele, damit du weißt, was gemeint ist:

Lachen: *Grinsen* und *lächeln* hast du selbst gefunden. Kichern und *giggeln* hat dir das Internet ausgespuckt. (Vier Wörter für deine Wortschatzkiste.)

Kind: *Knirps*. Mehr ist dir nicht eingefallen. Kein Wunder. Auch das Internet fügt nur noch zwei hinzu: *Jungspund*, *kleines Menschlein*. (Aber, wieder drei Wörter für die Wortschatzkiste.)

Und jetzt du!

Sauber: ____

Schreien: ____

Schule: ____

Mannschaft: ____

Groß: ____

Übung 2:
Das Gegenteil?

Du hast die erste Übung geschafft? Dann mache einfach weiter. Finde das Gegenteil für die oben genannten Begriffe, und dann füge wie vorhin die Synonyme hinzu.

Beispiele

Lachen. Das Gegenteil ist: **Weinen**. Synonyme sind. Winseln, greinen, jammern, heulen …

Los geht's:

Sauber.

Gegenteil: ______________________________

Synonyme: ______________________________

Schreien:

Gegenteil: ______________________________

Synonyme: ______________________________

Schule:

Gegenteil: ______________________________

Synonyme: ______________________________

Mannschaft:

Gegenteil: ______________________________

Synonyme: ______________________________

Groß:

Gegenteil: ______________________________

Synonyme: ______________________________

Übung 3:
Beschreibungen, Vergleiche, Ausschmückungen und Übertreibungen

Mit Beschreibungen, Vergleichen und Übertreibungen kannst du Texte lebendig gestalten. Durch die Wahl der richtigen Adjektive (Wie-Wörter) wissen deine Hörer oder Leser, wie jemand aussieht, wie jemand spricht oder wie jemand ist. *“Max war ein lustiger, dicker Junge.”* Mit dem richtigen Vergleich werden deine Beschreibungen noch lustiger und anschaulicher. “Unsere Lehrerin hatte ein Gesicht wie eine Maus und den Humor eines Stockes.” Aus einem einzigen Satz kannst du mit ein wenig Fantasie schon eine kleine Szene gestalten. Probiere es einmal aus!!!

Beispiel:

Original: Die Nachbarskatze steckte in der Katzenklappe fest

Version 1: Die getigerte, riesige und kugelrunde Nachbarskatze steckte in der Katzenklappe fest.

und mit ein wenig Fantasie wird schon fast eine kleine Geschichte daraus.

Version 2: Die Katze unseres Nachbarn sah aus wie ein riesiger Rollmops mit Augen. Kein Wunder, dass sie in der Katzenklappe feststeckte.

An einem Sommertag ging die Lehrerin spazieren

Version 1: Die dicke Lehrerin spazierte schwitzend durch die von der Sonne aufgeheizte Innenstadt.

Version 2: Die Sonne brannte heiß vom Himmel und der Schweiß rann der molligen Lehrerin in den Nacken, als sie schleppenden Schrittes durch die Straßen der Stadt wanderte.

Merkst du, wie sich die Atmosphäre und die Geschichte durch die zusätzlichen Informationen direkt verändert? Du kannst einen Satz spannend, fröhlich oder gruselig gestalten. Je nachdem, welche Worte du aus deiner Wortschatzkiste ziehst.

Und jetzt du!

Oma ging ins Wohnzimmer.

____

____

Papa und Sohn Max sitzen am See und angeln.

____

____

Der Ritter reitet zum Schloss.

____

____

Max wartete am letzten Schultag auf den Lehrer.

____

____

Tim läuft auf den Fußballplatz.

____

____

Du wirst sehen. Diese Übung macht extrem viel Spaß. Du musst sie auch nicht alleine machen. Triff dich mit Freundinnen und Freunden. Jeder darf mal einen kleinen knappen Satz vorschreiben. Aus diesem Satz müssen dann alle eine klitzekleine Geschichte schreiben, die ihr euch dann gegenseitig vorlesen könnt. Du wirst staunen, wie viele unterschiedliche Sätze und vielleicht schon kleine Geschichten dabei herauskommen! Und weil es hier kein Richtig oder Falsch gibt, gibt es auch keine Lösung am Ende dieses Kapitels.

Das verdeckte Schreibspiel!

Noch ein lustiges Spiel, um Fantasie und Wortschatz zu erweitern, ist das "verdeckte Schreibspiel". Diese sSpiel kannst du schon zu zweit spielen! Am besten und am lustigsten ist es aber mit drei oder vier Freunden.

Und so geht's:

Ihr nehmt ein Blatt Papier und setzt euch im Kreis zusammen. Der erste Spieler schreibt zwei Sätze **untereinander** auf das Blatt. Dann knickt er das Blatt, sodass der nächste Spieler nur noch den letzten Satz lesen kann. Der zweite Spieler überlegt nun, welche zwei Sätze zu diesem zweiten Satz des ersten Spielers passen, und schreibt nun selbst zwei Sätze. Und so geht es einmal reihum. Der erste Spieler faltet das Blatt auseinander und liest die entstandene Geschichte vor. Meistens steht am Ende ganz schön viel Quatsch. Aber das Spiel macht echt viel Spaß!

Ihr könnt natürlich auch das Blatt offenlassen. Dann darf jeder der Mitspieler seiner Fantasie freien Lauf lassen und die Geschichte vervollständigen. Der erste Schreiber hat sich bestimmt eine ganz andere Geschichte vorgestellt. Die Hauptsache für diese Übungen sind Fantasie und Wortgewandtheit.

- **So wird aus deiner Geschichte eine witzige Story**

  Wenn du es richtig machst, dann kannst du aus jeder banalen (banal ist ein gutes Wort für deine Wortschatzkiste. Es bedeutet so viel wie: normal, alltäglich, gewöhnlich) Alltagsgeschichte eine witzige Anekdote (= eine meist witzige Geschichte) zaubern. Ganz wichtig: Halte deine Augen und Ohren stets offen. Geschichten warten an jeder Ecke auf dich. Zu Hause, in der Schule, beim Sport, im Bus, in der Bäckerei oder im Urlaub.

  Manchmal musst du nur in die Trickkiste der Übertreibungen greifen und aus deiner Wortschatzkiste die passenden Worte zusammenstellen. Manchmal gibt es Situationen, die gar nicht so witzig sind, über die man aber im Rückblick durchaus lachen kann. Manchmal musst du dir einfach vorstellen, was in der Situation hätte passieren können – und schon entsteht eine lustige Story.

- **So wird aus deinem Witz ein super Auftritt**

  Witze gut zu erzählen, ist gar nicht so einfach. Da heißt es üben, üben, üben. Auch die Profis, die bekannten Komiker aus dem Fernsehen, schütteln ihre Witze nicht einfach aus dem Ärmel. Manch einer erfindet seine Witze gar nicht selbst, sondern bezahlt einen oder mehrere Witzeschreiber. Die Vorbereitung für ein abendfüllendes Bühnenprogramm dauert auch für die besten Comedians Monate. Also, nimm dir nicht zu viel vor.

Auswendig lernen: Das Wichtigste ist, dass du den Witz wirklich gut lernst. Wenn dich jemand um drei Uhr nachts weckt, dann muss dein Witz wie aus der Pistole geschossen aus dir herauskommen. Es gibt nichts Schlimmeres, als mitten im Witz ins Stocken zu geraten. Ganz übel ist es, wenn du die Pointe nicht mehr auf die Reihe bekommst. Beginne darum mit einem oder mehreren kurzen Witzen.

Üben: Probe den Witz so oft wie möglich. Es reicht nicht, wenn du den Witz zwar gut gelernt hast, aber die ganze Zeit nur still geübt hast. Sprich laut, damit du selbst hörst, wie es klingt. Stell dich vor den Spiegel und erzähl deinen Witz deinem eigenen Spiegelbild. Das wird dir vielleicht erst komisch vorkommen, aber es hilft!

Betonung und Pausen: Auch das kannst du prima vor dem Spiegel probieren. Ein erzählter Witz lebt natürlich auch von der Betonung und vor allen Dingen von den Pausen. Wenn du zum Beispiel eine Scherzfrage stellst, dann musst du unbedingt nach der Frage eine kurze Pause machen. Dein Hörer wird hektisch nach einer Antwort suchen. Die Spannung steigt. Dann sprichst du weiter und löst den Witz auf.

Repertoire: Wenn du eine richtige Vorstellung planst, dann achte darauf, dass du ein gutes Repertoire hast. Stelle deine Witze aus verschiedenen Sparten zusammen. Scherzfragen, Schulwitze und vielleicht eine lustige Alltagsgeschichte. So langweilt sich dein Publikum nicht. Und! Hab immer ein Ass im Ärmel. Wenn deine Vorstellung gut ankommt, kannst du noch eine Zugabe geben.

Generalprobe: Bevor es aber losgeht, probiere und erzähle deine Witze einmal einer Person, der du vertraust. Vielleicht deinem besten Freund oder deiner besten Freundin. Oder vielleicht vor Mama und Papa. Lass dich coachen. Durch ehrliche Kritik kannst du dich nur verbessern.

Bereit für dein erstes Soloprogramm? Ab auf die Bühne!

Das Beste kommt zum Schluss (Schlusssatz und Danke schön)

Danke, dass du unser Buch bis zum Schluss gelesen hast. Hoffentlich konnten wir dich mit unseren ausgewählten Scherzfragen, Witzen und Geschichten zum Schmunzeln und Lachen bringen. Denn dafür haben wir dieses Buch geschrieben. Und wenn du mit unseren Witzen wiederum deine Freunde und Freundinnen, deine Bekannten und deine Familie zum Lachen bringen kannst, umso besser. Lachen ist die beste Medizin und die schönste Sprache der Welt. Es gibt nichts Besseres, als andere Menschen fröhlich zu machen. Also: Wenn du nur einen einzigen Witz weiter erzählst und damit jemanden zum Lachen bringen kannst, ist das toll. Vielleicht steckt in dir aber auch ein echtes Talent zum Komiker und du wirst irgendwann ein bekannter Stand-up-Comedian. Der nächste Mario Barth, Chris Tall oder ein neuer Otto. Mit unseren kleinen Übungen konntest du schon einen Grundstein für deine komische Karriere legen. Höre niemals auf, Wörter zu sammeln. Höre niemals auf, Menschen zu beobachten und Geschichten zu erfinden.

Gehe mit offenen Augen und offenem Herzen durchs Leben. Und egal, was passiert! Humor ist, wenn man trotzdem lacht.

Fun Facts

Manchmal braucht es gar keinen Witz, um laut zu lachen. Die Welt ist verrückt genug und bietet dir ständig Gelegenheit zum Lachen und Staunen. Es gibt lustige Sachen, aber auch erstaunliche Dinge. Mit den lustigen Fakten kannst du deine Familie und Freunde zum Lachen bringen. Für dein neues Wissen werden dich deine Zuschauer bewundern. Auf jeden Fall kannst du sie bestens unterhalten:

Wusstest Du …

… dass alle über 3 Kilo schweren Säugetiere gleich lange brauchen, um zu pinkeln? Nämlich ungefähr 21 Sekunden.

… dass das Herz einer Frau schneller schlägt als das Herz eines Mannes?

… dass Koalabären einen Schluckauf bekommen, wenn sie gestresst sind?

… dass man im Weltraum, also in der Schwerelosigkeit, nicht rülpsen kann?

… dass es kein deutsches Wort gibt, welches sich auf das Wort "Orange" reimt?

… dass das das dein Gehirn unnötige Information sofort ignoriert? Oder hat dein Gehirn etwa das zweite "das" im ersten Satz wahrgenommen?

... dass Piloten während des Fluges niemals das Gleiche essen, damit sie – falls das Essen schlecht ist – nicht beide gleichzeitig krank werden, Lebensmittelvergiftung bekommen?

... dass Kinder jeden einzelnen Tag ungefähr 400 Fragen stellen?

... dass ein Schornstein auf der Titanic gar nicht echt war? Das Schiff sollte aber genauso gut gerüstet aussehen wie andere Schiffe seinerzeit.

... dass die Tomate zum Obst und gleichzeitig zum Gemüse zählt?

... dass die Azteken, ein mittelamerikanischer Indianerstamm, den Flummi erfunden haben?

... dass du mit einem einzigen Bleistift eine 56 Kilometer lange Linie ziehen kannst?

... dass das längste deutsche Wort das Wort:

Donaudampfschifffahrtselektrizitätenhauptbetriebswerkbauunternehmenbeamtengesellschaft

lautet?

... dass es in Amerika einen Tag des Jodelns gibt? Jedes Jahr am 30. Januar “Yodel for Your Neighbours Day”, und es wird wirklich gemeinsam gejodelt. Hollahiti ☺

... dass es bei uns in Deutschland sogar einen “Hast du gepupst?“-Tag gibt? An jedem 5. Februar kannst du nach Lust und Laune – und je nach Blähungen ☺

… dass der größte Mensch der Welt, der je gelebt hat, 2,72 m groß war und eine Schuhgröße von 76 hatte? Robert Wadlow war so groß wie ein afrikanischer Elefant.

… dass die Nase und die Ohren eines Menschen niemals aufhören zu wachsen?

… dass die Menschen in Singapur 120,00 Euro Strafe zahlen, wenn sie die Toilette nicht spülen?

… dass Haie durch ihre Haut pinkeln?

… dass die Milch von Kühen rosa wird, wenn sie zu viele Möhren fressen?

… dass es in China mehr Englischlehrer gibt als in den Vereinigten Staaten von Amerika?

… dass ein Faultier zwei Wochen benötigt, um sein Essen zu verdauen?

… dass Bulgaren für ein Nein nicken und für ein Ja den Kopf schütteln?

… dass es in Mexiko für einen Ausbruch aus dem Gefängnis keine Strafe gibt?

… dass auf dem Kopf eines Menschen ungefähr 100.000 Haare wachsen? (Natürlich nicht, wenn jemand eine Glatze hat ☺)

… dass eine Küchenschabe ohne Kopf noch 9 Tage leben kann?

… dass der Weihnachtsmann mit den rot-weißen Klamotten, der Mütze und dem Bart für eine Coca-Cola-Werbung im Jahr 1931 erfunden wurde?

… dass, wenn du ein Loch in ein Netz schneidest, das Netz dann weniger Löcher hat? Logisch, oder?

… dass du dir, wenn du zu doll niesen musst, eine Rippe brechen kannst?

… dass Nutella einen Lichtschutzfaktor von 9,7 hat? (Wenn du also mal deine Sonnencreme vergessen hast …)

… dass das Quaken einer Ente kein Echo erzeugt? (Das kann sich übrigens keiner – auch kein Wissenschaftler – erklären.)

… dass Schweine nicht in den Himmel schauen können? (Dafür ist ihr Körper nicht gemacht.)

… dass alle Schwäne in England der Queen bzw. jetzt dem King Charles gehören?

… dass die ersten Cheerleader in Amerika (USA) Männer waren?

… dass es mehr als 200 verschiedene Barbiepuppen gibt?

Rechtliches

Rückfragen, Lob oder Anregungen?

Schreiben Sie mir gerne eine E-Mail:

support@th-publishing.de

Impressum

Die Autorin Julia Bunt ist vertreten durch:

Daniel Thiele, Kirchweg 22, 55234 Freimersheim

Coverdesign: Natalia Danchenko

Lektorat: Jürgen Müller

1.Auflage 2023

Printed in Poland
by Amazon Fulfillment
Poland Sp. z o.o., Wrocław

22023989R00077